LICHAAMSTAAL

Hoe u non-Verbale Signalen kunt Lezen om uw Persoonlijke en Professionele Leven te Verbeteren.

HARPER SCOTT

Harper Scott

Tweede editie: November 2023

Copyright © 2023 Harper Scott

Copyright 2023 Alle rechten voorbehouden.

Dit document is bedoeld om nauwkeurige en betrouwbare informatie te verschaffen over het behandelde onderwerp en de kwestie. De publicatie wordt verkocht met dien verstande dat de uitgever niet verplicht is om boekhoudkundige, officieel gelicentieerde of anderszins gekwalificeerde diensten te verlenen. Als advies, zowel juridisch als professioneel, nodig is, moet een persoon met ervaring in het beroep worden ingeschakeld.

Het is niet legaal om enig deel van dit document op welke manier dan ook te reproduceren, dupliceren of verzenden, hetzij via elektronische middelen, hetzij in gedrukte vorm. Het opnemen van deze publicatie is ten strengste verboden en archivering van dit document is niet toegestaan zonder schriftelijke toestemming van de uitgever. Alle rechten voorbehouden.

Beperking van aansprakelijkheid - Disclaimer

De inhoud van dit boek is gebaseerd op persoonlijke ervaringen en verschillende informatiebronnen en is uitsluitend bedoeld voor persoonlijk gebruik.

De hierin opgenomen informatie is uitsluitend bedoeld voor educatieve en amusementsdoeleinden en er worden geen garanties gegeven of geïmpliceerd.

Niets in dit boek is bedoeld ter vervanging van gezond verstand, medisch advies of professionele mening en is uitsluitend bedoeld voor informatieve doeleinden. Gebruik van de informatie in dit boek is op eigen risico. De lezer is verantwoordelijk voor zijn of haar eigen daden.

De informatie in dit boek is gecertificeerd als waar en consistent, wat betekent dat elke aansprakelijkheid, hetzij als gevolg van toewijding of zorg, voor het gebruik of misbruik van enig beleid, proces of instructie in dit boek uitsluitend en absolute verantwoordelijkheid is van de ontvanger. lezer.

Door dit boek te lezen, gaat de lezer ermee akkoord dat de auteur onder geen enkele omstandigheid aansprakelijk is voor eventuele verliezen, direct of indirect, die voortkomen uit het gebruik van de informatie in dit boek, inclusief maar niet beperkt tot fouten, weglatingen of onnauwkeurigheden.

Inhoudsopgave

INVOERING 8

Hoofdstuk 1 19

Fysiologie van lichaamstaal 19

    Zenuwstelsel en lichaamstaal 21

    Hoe de hersenen lichaamstaalinformatie verwerken 22

Hoofdstuk 2 26

Veelvoorkomende non-verbale signalen 26

    Gezichtsuitdrukkingen en hun betekenis 26

    Houdings- en lichaamsgebaren en hun betekenis 37

    Proxemics en het gebruik van persoonlijke ruimte 43

Hoofdstuk 3 50

Paraverbale communicatie 50

    Tone of voice en hun betekenis 52

    Ritme en snelheid van spreken en hun betekenis 60

    Pauze en stilte en hun betekenis 66

Hoofdstuk 4 68

Lichaamstaal lezen bij anderen 68

Technieken om de emoties van anderen te lezen via lichaamstaal 69

Hoe inconsistenties tussen verbale en non-verbale taal te interpreteren 73

Hoe lichaamstaalinformatie te gebruiken om de communicatie te verbeteren 77

hoofdstuk 5 85

Bewust gebruik van lichaamstaal 85

Hoe je je lichaamstaal kunt gebruiken om je gedachten en gevoelens effectief uit te drukken 87

Technieken om het bewustzijn van de lichaamstaal te verbeteren en deze aan te passen 90

Technieken om het bewustzijn van de lichaamstaal te verbeteren en deze aan te passen 95

Hoofdstuk 6 98

Lichaamstaal in specifieke contexten 98

Lichaamstaal in professionele situaties (zakelijke bijeenkomsten, presentaties, enz.) 100

Lichaamstaal in interpersoonlijke relaties 104

Lichaamstaal in situaties van stress en conflict 110

hoofdstuk 7 113

Kenmerken van een introvert persoon 113

Het belang van het leren beheersen van uw gedrag in de hersenen en geest 117

De menselijke geest begrijpen door gebruik te maken van neurofysiologie en gedragspsychologie 120

Hoe weet je dat iemand een verborgen agenda heeft? 122

Hoofdstuk 8 125

Verbeter uw lichaamstaal voor effectieve communicatie 125

Positief denken en lichaamstaal 135

Negatieve lichaamstaalgewoonten moeten VERMIJDEN 136

Conclusie 146

INVOERING

Ons vermogen om ons uit te drukken door middel van fysieke bewegingen en gebaren wordt lichaamstaal genoemd, wat een vorm van non-verbale communicatie is. Naast andere dingen omvat het de houding, oogbewegingen, gezichtsuitdrukkingen en gebaren van een persoon. Leren hoe je de bedoelingen van andere mensen kunt lezen, en ook kunt detecteren wanneer ze liegen, kan allemaal worden bereikt door het juiste gebruik van lichaamstaal.

De gedachten en gevoelens van een persoon kunnen worden afgeleid uit zijn gezichtsuitdrukkingen, die een essentieel onderdeel zijn van de lichaamstaal. Glimlachen, fronsen en de wenkbrauwen optrekken zijn de drie meest typische voorbeelden van gezichtsuitdrukkingen. De spieren rond de ogen worden bijvoorbeeld doorgaans ingeschakeld tijdens een echte glimlach, terwijl de spieren rond de mond de enige zijn die worden ingeschakeld tijdens een nepglimlach.

Een ander essentieel onderdeel van lichaamstaal is de manier waarop iemand staat. Het is mogelijk dat het iemands agressiviteit, zelfvertrouwen of zelfs onderwerping onthult. Als iemand bijvoorbeeld slungelig of voorovergebogen zit, kan dit een teken zijn dat hij of zij verlegen of onzeker is, terwijl rechtop staan met de schouders naar achteren en het hoofd omhoog een teken van zelfvertrouwen kan zijn.

Het gebruik van gebaren is een ander essentieel onderdeel van lichaamstaal. Ze hebben het vermogen om iemands bedoelingen, emoties en zelfs de mate waarin hij of zij betrokken is bij het gesprek dat wordt gevoerd, te onthullen. Wijzen kan bijvoorbeeld worden geïnterpreteerd als een indicatie van nadruk of agressie, terwijl knikken kan worden geïnterpreteerd als een indicatie van instemming of begrip.

De manier waarop iemand zijn ogen beweegt, kan je ook veel vertellen over hoe hij zich voelt. Ter illustratie: het vermijden van oogcontact kan een teken zijn van oneerlijkheid of ongemak, terwijl het gedurende langere tijd onderhouden van oogcontact kan duiden op vertrouwen of aantrekkingskracht.

Het is essentieel om in gedachten te houden dat de lichaamstaal van een persoon niet altijd een betrouwbare indicator is van wat hij of zij op een bepaald moment denkt of voelt. Mensen hebben verschillende niveaus van vaardigheden als het gaat om het verbergen van hun ware gevoelens en bedoelingen, en culturele factoren kunnen ook van invloed zijn op de manier waarop mensen lichaamstaal gebruiken. Daarom is het essentieel om naast verbale signalen en de omringende context ook gebruik te maken van de lichaamstaal van een persoon, om een beter begrip te krijgen van wat hij of zij zegt.

Samenvattend: lichaamstaal is een essentieel onderdeel van communicatie, omdat het inzicht kan geven in iemands gevoelens, bedoelingen en zelfs gemoedstoestand. Het omvat zaken als iemands houding, gebaren, oogbewegingen en gezichtsuitdrukkingen. Leren hoe je de bedoelingen van andere mensen kunt lezen, en ook kunt detecteren wanneer ze liegen, kan allemaal worden bereikt door het juiste gebruik van lichaamstaal. Het is echter essentieel om in gedachten te houden dat de lichaamstaal van een persoon niet altijd een nauwkeurige indicatie is van wat hij of zij op een bepaald moment denkt of voelt.

Historische achtergrond over lichaamstaal

Kinesica, een andere naam voor de studie van lichaamstaal, heeft een lange en roemruchte geschiedenis die teruggaat tot de vroegst bekende beschavingen. De oude Egyptenaren gebruikten bijvoorbeeld hiërogliefen om lichaamstaal in hun kunstwerken weer te geven. Deze hiërogliefen bevatten afbeeldingen van gezichtsuitdrukkingen en gebaren om een verscheidenheid aan gevoelens en ideeën over te brengen.

Charles Darwin publiceerde in de 19e eeuw 'The Expression of the Emotions in Man and Animals', dat wordt beschouwd als een van de eerste wetenschappelijke studies over lichaamstaal. In deze studie vergeleek Darwin menselijke en dierlijke emoties. Hij constateerde dat bepaalde gebaren en gezichtsuitdrukkingen werden gedeeld door mensen uit verschillende culturen, wat erop wijst dat ze een biologische basis hebben.

Edward T. Hall, een onderzoeker die aan het begin van de 20e eeuw werkte, wordt gecrediteerd voor het populariseren van het gebied van non-verbale communicatie, dat hij 'proxemics' noemde. Proxemics wordt gedefinieerd als de studie van hoe mensen de ruimte gebruiken om te communiceren. Hij constateerde dat mensen uit verschillende culturen verschillende perspectieven hebben op het concept van persoonlijke ruimte en hoe dicht ze bij elkaar staan tijdens een gesprek.

In de jaren zestig breidde een onderzoeker met de naam Paul Ekman het werk van Darwin uit en deed uitgebreid onderzoek naar gezichtsuitdrukkingen. Hij ontdekte specifieke gezichtsspieren die verband hielden met bepaalde emoties en ontdekte dat ze gebruikt konden worden om die emoties uit te drukken. Op het gebied van lichaamstaalonderzoek was hij een pionier in de ontwikkeling van het Facial Action Coding System (FACS), dat nog steeds op grote schaal wordt toegepast.

In de jaren zeventig publiceerde een onderzoeker met de naam Albert Mehrabian een onderzoek naar het relatieve belang van verbale en non-verbale communicatie. Volgens de bevindingen van dit onderzoek is 55% van de communicatie non-verbaal, 38% van de communicatie bestaat uit de toon en slechts 7% van de communicatie bestaat uit daadwerkelijk gesproken woorden. Deze studie is vrij vaak geciteerd; het is echter bekritiseerd omdat het geen rekening houdt met de context van de communicatie en omdat het zich bezighoudt met buitensporige generalisatie.

Lichaamstaal is in de loop van vele jaren het onderwerp geweest van onderzoek door antropologen, sociologen en psychologen, en de bevindingen ervan zijn op allerlei terreinen toegepast, waaronder wetshandhaving, zakenleven en therapie. Zelfs in de moderne tijd blijven onderzoekers op het gebied van communicatie en psychologie dit onderwerp fascinerend vinden en de moeite waard om te onderzoeken.

Kortom: de studie van lichaamstaal bestaat al heel lang en gaat terug tot de vroegst bekende beschavingen. Enkele van de meest invloedrijke mensen op het gebied van onderzoek en begrip van lichaamstaal zijn Charles Darwin, Edward T. Hall, Paul Ekman en Albert Mehrabian. Deze personen hebben door hun werk een belangrijke bijdrage geleverd aan het veld. Het is nog steeds een onderwerp van interesse en onderzoek op het gebied van communicatie en psychologie in de moderne tijd, en het wordt toegepast op verschillende gebieden, waaronder wetshandhaving, het bedrijfsleven en therapie.

Het belang van lichaamstaal in interpersoonlijke communicatie

Er zijn talloze manieren om te communiceren, maar een van de belangrijkste, unieke en onderscheidende manieren is lichaamstaal. Hoewel niet verbaal, is dit type communicatie een spontane manier om zichzelf uit te drukken, waarbij veel informatie naar de gesprekspartner wordt overgebracht met alleen lichaamsbewegingen. Wat er op dat moment wordt gezegd via gebaren en de instelling van het lichaam, of simpelweg door te zwijgen, is de basis van een goed vermogen om onszelf uit te drukken.

Deze manier van communiceren wordt veel effectiever en expressiever dan alleen woorden. Omdat de fysieke verschijning het eerste is dat wordt waargenomen, zal dit een krachtig hulpmiddel zijn om over te brengen wat je wilt uitdrukken.

In dit opzicht is het van cruciaal belang dat u tijdens het spreken rekening houdt met uw houding en toon. Daarom is het van cruciaal belang om aandacht te besteden aan lichaamstaal om te voorkomen dat u de verkeerde boodschap verzendt of een boodschap verzendt die afwijkt van de boodschap die u wilt overbrengen, en om ervoor te zorgen dat wat er wordt gezegd niet verkeerd wordt geïnterpreteerd.

Volgens sommige schattingen is tot 93% van de communicatie non-verbaal, wat impliceert dat lichaamstaal vaak belangrijker is dan de woorden die we gebruiken om onze boodschap over te brengen. Hieronder volgen enkele voorbeelden van hoe lichaamstaal de interpersoonlijke communicatie kan beïnvloeden:

- Positieve lichaamstaal, zoals oogcontact houden, knikken en glimlachen, kan helpen bij de ontwikkeling van vertrouwen en een goede verstandhouding met anderen. Negatieve lichaamstaal daarentegen, zoals het vermijden van oogcontact of het over elkaar slaan van de armen, kan het moeilijk maken om vertrouwen te wekken en anderen een ongemakkelijk gevoel te geven.

- Emotionele expressie: Lichaamstaal kan worden gebruikt om een verscheidenheid aan emoties uit te drukken, waaronder geluk, verdriet, woede en andere. We kunnen beter begrijpen hoe anderen zich voelen door aandacht te besteden aan hun lichaamstaal, zelfs als ze die emoties niet verbaal uiten.

- Machtsdynamiek communiceren: In een relatie kan lichaamstaal worden gebruikt om machtsdynamiek over te brengen. Rechtop staan en uitgestrekte gebaren maken kan bijvoorbeeld duiden op dominantie, terwijl slungelig zijn en gesloten lichaamstaal gebruiken op onderdanigheid kan wijzen.

- Onderhandelingsvaardigheden verbeteren: Als u zich bewust bent van de non-verbale signalen van de andere persoon, kunt u uw onderhandelingsvaardigheden verbeteren. Als de andere persoon naar voren leunt, is hij/zij wellicht meer betrokken bij het gesprek en is hij/zij meer bereid om te onderhandelen.

- Bedrog detecteren: We kunnen signalen leren herkennen die op bedrog kunnen duiden door aandacht te besteden aan lichaamstaal. Friebelen, oogcontact vermijden en overmatig zweten kunnen bijvoorbeeld allemaal tekenen zijn van oneerlijkheid.

Hoofdstuk 1
Fysiologie van lichaamstaal

Verschillende vakgebieden, waaronder kinesica, neurolinguïstiek en sociale psychologie, bestuderen de fysiologie van lichaamstaal.

Het zenuwstelsel, vooral de motorische en premotorische cortex in de hersenen, bestuurt gezichtsuitdrukkingen, houdingen en gebaren door impulsen naar de spieren te sturen om beweging te creëren.

Bovendien speelt het limbisch systeem, dat verantwoordelijk is voor de emotionele verwerking, een rol bij de emotionele uiting via lichaamstaal.

Psychologie is een van de menselijke gedragsdisciplines die zich het meest bezighoudt met het bestuderen van lichaamstaal, omdat het erkent dat zelfs ogenschijnlijk onbewuste activiteiten een reden hebben om te bestaan en zichzelf te laten zien.

In het eerder genoemde boek What the Whole Body Speaks bespreekt auteur Joe Navarro dit in het eerste hoofdstuk kort, waarbij hij non-verbale communicatie-indicaties toeschrijft aan ons limbisch systeem.

Volgens hem functioneert dit deel van de hersenen, dat wordt geassocieerd met onze emotionele reacties, als een soort geheugenkluis, waarin herinneringen en eerdere ervaringen worden opgeslagen.

Als gevolg hiervan hebben we, als we in een omstandigheid terechtkomen waarin we een verleden hebben, de neiging dit soort gedrag te herhalen.

Navarro contrasteert zelfs extreme omstandigheden, waardoor de perceptie van lichaamstaal met dit psychologische vooroordeel steeds duidelijker wordt.

Dit is bijvoorbeeld de omstandigheid dat je een vrije dag hebt, lekker in een hangmat ligt en dan een middag vol tegenslagen hebt, zoals een laat vertrek en lang wachten op een luchthaven.

In het eerste geval 'lekken' onze hersenen gevoelens van tevredenheid en welzijn, waarbij een gevoel van ontspanning tot uiting komt door middel van vloeiende uitdrukkingen en losse bovenste en onderste ledematen.

Tijdens een stressvolle ervaring gebeurt het tegenovergestelde: het gelaat wordt zwaarder, de houding verstijft, enzovoort.

Dat wil zeggen: het fundamentele idee om te begrijpen hoe lichaamstaal werkt, is begrijpen hoe uw limbisch systeem functioneert.

De antithese van comfort en zelfvertrouwen zal symptomen vertonen die overeenkomen met deze sensaties.

Zenuwstelsel en lichaamstaal

Lichaamstaal is een vorm van communicatie waarbij gebruik wordt gemaakt van gebaren, houdingen en gezichts- en lichaamsbewegingen om informatie over de emoties en ideeën van de zender uit te drukken.

Omdat het vaak instinctief wordt gedaan, is het een goede voorspeller van de emotionele toestand van mensen. Het maakt deel uit van non-verbale communicatie, samen met vocale intonatie.

Vanwege de verschillende externe invloeden die de lichaamstaal kunnen beïnvloeden, mag dit niet als absolute realiteit worden geaccepteerd.

Daarom moet u uw beslissing nooit baseren op een enkel lichaamssymptoom; de sleutel is om reeksen indicaties op te merken die met elkaar consistent zijn en alternatieve externe bronnen (temperatuur, geluid, vermoeidheid, enz.) uit te sluiten.

Dat gezegd hebbende, laten we onderzoeken wat we kunnen communiceren met ons lichaam en gezicht.

Hoe de hersenen lichaamstaalinformatie verwerken

Lichaamstaalinformatie wordt door de hersenen verwerkt via een ingewikkeld netwerk van neurale verbindingen waarbij meerdere verschillende locaties betrokken zijn.

De occipitale en temporale kwabben van het visuele systeem zijn verantwoordelijk voor het verwerken van visuele informatie van het lichaam, zoals houding en gezichtsuitdrukkingen. De amygdala, een kleine amandelvormige structuur in de temporale kwab, is belangrijk voor het verwerken van emotionele informatie die via lichaamstaal wordt overgedragen.

Het is verantwoordelijk voor de snelle emotionele verwerking en kan van invloed zijn op hoe we signalen van lichaamstaal waarnemen en erop reageren.

De bovenkant van de pariëtale kwabben van de hersenen zijn verantwoordelijk voor het integreren van sensorische informatie, inclusief lichaamstaal, met ons motorsysteem.

Hierdoor kunnen we de lichaamstaal van anderen begrijpen en op de juiste manier reageren met de onze.

De frontale kwabben, gelegen aan de voorkant van de hersenen, zijn betrokken bij sociale cognitie en besluitvorming, wat nodig is voor het lezen van en reageren op lichaamstaal.

De prefrontale cortex, een bepaald deel van de frontale kwabben, is belangrijk voor het ontcijferen van sociale signalen en het begrijpen van de intenties en gevoelens van anderen via lichaamstaal.

Bovendien is het spiegelneuronsysteem een netwerk van neuronen dat vuurt wanneer een actie wordt uitgevoerd, maar ook wanneer dezelfde activiteit bij anderen wordt waargenomen.

Er wordt aangenomen dat dit systeem een belangrijke rol speelt in ons vermogen om via lichaamstaal de acties en intenties van anderen waar te nemen en erop te reageren.

Over het algemeen is lichaamstaal een complexe en dynamische vorm van communicatie die wordt verwerkt door verschillende hersengebieden, die allemaal samenwerken om ons in staat te stellen de lichaamstaal van anderen te begrijpen en erop te reageren.

Hoofdstuk 2
Veelvoorkomende non-verbale signalen

Gezichtsuitdrukkingen (zoals glimlachen of fronsen), lichaamshouding en plaatsing (zoals rechtop staan of slungelig), gebaren (zoals wijzen of knikken), oogcontact en toon van de stem zijn allemaal voorbeelden van non-verbale signalen.

Aanraking, nabijheid en lichaamsbeweging zijn voorbeelden van non-verbale boodschappen. Non-verbale signalen hebben een breed scala aan betekenissen en worden vaak gebruikt om verbale communicatie te versterken of te verbeteren.

Gezichtsuitdrukkingen en hun betekenis

Lichaamstaal verwijst naar de non-verbale communicatiesignalen die we gebruiken. Volgens experts vormen non-verbale signalen een aanzienlijk deel van de dagelijkse communicatie.

De dingen die we niet zeggen, van onze gezichtsuitdrukkingen tot onze lichamelijke bewegingen, kunnen niettemin veel informatie overbrengen.

Er wordt aangenomen dat lichaamstaal tussen de 60% en 65% van alle communicatie uitmaakt.

Het begrijpen van lichaamstaal is essentieel, maar dat geldt ook voor het zich bewust zijn van andere indicatoren, zoals de context. In veel gevallen moet u, in plaats van u te concentreren op een bepaalde actie, de signalen als één geheel beschouwen.

Gezichtsuitdrukkingen

Bedenk hoeveel informatie een persoon kan overbrengen met slechts één gezichtsuitdrukking. Een grijns kan worden gebruikt om acceptatie of plezier uit te drukken. Een frons kan ongenoegen of ontevredenheid overbrengen.

Onze gezichtsuitdrukkingen kunnen soms onze oprechte gevoelens over een scenario overbrengen.

Zelfs als je beweert dat het goed met je gaat, kan de uitdrukking op je gezicht het tegendeel aangeven.

Onder de emoties die via gezichtsuitdrukkingen kunnen worden weergegeven, zijn:

- Geluk;
- Droefheid;
- Woede;
- Verrassing;
- Walging;
- Angst;
- Verwarring;
- Spanning;
- Wens;
- Minachting.

De blik op iemands gezicht kan zelfs beïnvloeden of we vertrouwen of geloven in wat hij of zij zegt.

Volgens één onderzoek is de meest betrouwbare gezichtsemotie een kleine opgetrokken wenkbrauw en een kleine grijns. Volgens het onderzoek straalt deze zin zowel warmte als vertrouwen uit.

Gezichtsuitdrukkingen behoren ook tot de meest voorkomende vormen van lichaamstaal. Angst, woede, verdriet en geluk worden over de hele wereld allemaal op vergelijkbare manieren uitgedrukt.

Paul Ekman ontdekte bewijs dat wijst op de universaliteit van een aantal gezichtsuitdrukkingen die verband houden met bepaalde emoties, zoals plezier, woede, angst, verrassing en verdriet.

Volgens onderzoek vormen we intelligentiebeoordelingen op basis van het uiterlijk en de uitdrukkingen van mensen.

Volgens één onderzoek wordt de kans groter dat mensen met kleinere kenmerken en prominente neuzen als intellectueel worden gezien. Mensen met een vrolijke en glimlachende uitdrukking werden eveneens als slimmer beschouwd dan mensen met een woedende blik.

1. De ogen

De ogen worden soms de 'vensters naar de ziel' genoemd, omdat ze veel kunnen onthullen over hoe iemand zich voelt of denkt.

Wanneer u met iemand anders spreekt, is het natuurlijk en essentieel om hun oogbewegingen te observeren.

Je zou kunnen zien of ze direct oogcontact maken of wegkijken, hoeveel ze knipperen, of dat hun pupillen verwijd zijn.

Let op de volgende oogaanwijzingen bij het beoordelen van lichaamstaal:

Kijkrichting

Als iemand je in de ogen staart terwijl je praat, laat dat zien dat hij of zij betrokken is en oplet. Langdurig oogcontact kan daarentegen intimiderend overkomen.

Aan de andere kant kan het verbreken van het oogcontact en herhaaldelijk wegkijken erop wijzen dat de persoon afgeleid is, zich ongemakkelijk voelt of probeert zijn oprechte gevoelens te verhullen.

Knipoogt

Knipperen is normaal, maar u moet zich ervan bewust zijn of de persoon te vaak of te weinig knippert.

Wanneer mensen zich angstig of ongemakkelijk voelen, hebben ze de neiging sneller te knipperen. Knipperen kan zelden een signaal zijn dat iemand met opzet zijn oogbewegingen probeert te reguleren.

Een pokerspeler kan bijvoorbeeld minder vaak met zijn ogen knipperen omdat hij probeert neer te kijken op de hand die hem is toegedeeld.

Pupilgrootte

De pupilgrootte kan een heel subtiel non-verbaal communicatiesignaal zijn. Hoewel het lichtniveau in de omgeving de pupilverwijding regelt, kunnen emoties soms ook kleine veranderingen in de pupilgrootte veroorzaken. Wijd uitgezette ogen kunnen er bijvoorbeeld op duiden dat iemand geïnteresseerd of zelfs opgewonden is.

2. De mond

Het lezen van lichaamstaal kan ook afhankelijk zijn van gezichtsuitdrukkingen en lipbewegingen. Kauwen op de onderlip kan bijvoorbeeld een signaal zijn dat de persoon zich zorgen maakt, bang of onzeker is.

Je mond bedekken kan gedaan worden om hoffelijk te zijn als de persoon gaapt of hoest, maar het kan ook gedaan worden om een afkeurende blik te verbergen.

Glimlachen is een van de meest voorkomende signalen van lichaamstaal, maar kan ook op verschillende manieren worden waargenomen.

Een oprechte grijns kan worden gebruikt om echt genot, sarcasme of zelfs cynisme aan te duiden.

Let op de volgende mond- en lipindicatoren bij het beoordelen van lichaamstaal:

- *Het tuiten van de lippen-* Het tuiten van de lippen kan een teken zijn van afkeer, afkeuring of wantrouwen;
- *Lip bijten-* Mensen bijten soms op hun lippen als ze zich zorgen maken, angstig of gestrest zijn;
- *Het bedekken van de mond-* Wanneer mensen een emotionele reactie willen verbergen, kunnen ze hun mond bedekken om te voorkomen dat ze grijnzen of grijnzen;
- *Naar boven of naar beneden gericht-* Kleine veranderingen in de mond kunnen ook subtiele indicatoren zijn van wat iemand voelt. Wanneer de mond iets naar boven is gedraaid, kan dit betekenen dat de persoon zich gelukkig of optimistisch voelt. Aan de andere kant kan een licht naar beneden gebogen mond een indicatie zijn van verdriet, afkeuring of zelfs een grimas.

3. Gebaren

Gebaren behoren tot de meest duidelijke en duidelijke vormen van lichaamstaal. Zwaaien, wijzen en vingers gebruiken om numerieke bedragen aan te duiden zijn zeer gebruikelijke en eenvoudige bewegingen.

Sommige gebaren kunnen cultureel zijn, maar in een andere cultuur kan het opsteken van een duim of het 'oké'-teken een heel andere betekenis hebben.

Hieronder volgen slechts enkele voorbeelden van veel voorkomende gebaren en hun mogelijke betekenissen:

- Een gebalde vuist kan in sommige situaties duiden op woede en in andere op sympathie;
- Een duim omhoog en een duim omlaag worden vaak gebruikt als gebaren van goedkeuring en afkeuring;
- Het 'oké'-gebaar, gemaakt door de duim en wijsvinger in een cirkel aan te raken terwijl de andere drie vingers worden uitgestrekt, kan

worden gebruikt om' oke 'of' oke 'te betekenen.

- Het V-teken, gecreëerd door de wijs- en middelvinger op te tillen en uit elkaar te spreiden om een V-vorm te creëren, betekent in sommige landen vrede of overwinning. In Groot-Brittannië en Australië krijgt het symbool een aanstootgevende betekenis wanneer de rug van de hand naar buiten is gericht.

4. De armen en benen

Non-verbale informatie kan ook via de armen en benen worden overgebracht. Het over elkaar slaan van je armen kan worden geïnterpreteerd als defensief gedrag. Je benen over elkaar slaan, weg van iemand, kan betekenen dat je hem haat of je er ongemakkelijk bij voelt.

Andere subtiele signalen, zoals het wijd spreiden van uw armen, kunnen een poging zijn om groter of dominanter over te komen, terwijl het dicht bij uw lichaam houden van uw armen een poging kan zijn om uzelf te reduceren of de aandacht af te leiden.

Houd bij het beoordelen van lichaamstaal rekening met de volgende signalen die armen en benen kunnen overbrengen:

- Gekruiste armen kunnen erop duiden dat iemand defensief, zelfbeschermend of afgesloten is.
- Met de handen op de heupen staan kan een symbool zijn van gereedheid en controle, maar het kan ook een teken van woede zijn.
- De handen achter de rug klemmen kan duiden op verveling, angst of zelfs woede.
- Snel met de vingers tikken of friemelen kan duiden op verveling, ongeduld of frustratie.
- Gekruiste benen kunnen erop wijzen dat iemand zich alleen voelt of dat hij/zij privacy nodig heeft.

Houdings- en lichaamsgebaren en hun betekenis

In zijn boek 'Body Language' uit 1985 zei Alexander Lowen dat veranderingen in karakter de lichaamsstructuur van een persoon veranderen.

Volgens Lowen is het haalbaar om meer te weten te komen over de emotionele toestand van een individu door zijn lichaamsstructuur en houding te onderzoeken.

We kunnen bepaalde kwaliteiten van iemands houding en karakterpsychologie onderscheiden door houdingsattitudes.

In werkelijkheid wordt onze houding beïnvloed door de omgeving waarin we zijn opgegroeid en door alle gebeurtenissen in ons leven die verschillende spierspasmen veroorzaakten, waardoor de ene houding meer werd vergemakkelijkt dan de andere.

Als we bijvoorbeeld een enorme behoefte aan genegenheid hebben, zal onze rug de neiging hebben om te krimpen, en als we ons erg zorgen maken, zal deze de neiging hebben om uit te zetten.

Lowen heeft vijf verschillende soorten houdingen vastgesteld die verschillende psychologische kenmerken en houdingskenmerken onderscheiden, gebaseerd op het concept dat lichaam en geest slechts één groot ding zijn.

Daarna zullen we de betekenis van de belangrijkste lichaamshoudingen onderzoeken.

1. Gebogen houding

Zoals de naam al aangeeft, wordt het lichaam van mensen met een gebogen houding gekenmerkt door:

- Over zichzelf gebogen;
- De gebogen schouderspieren;
- Borst in;
- Hoofd naar voren gekanteld.

Over het algemeen kan deze houding worden gezien bij mensen met een slank, lang lichaam, vergelijkbaar met tieners als volwassenen, en die doorgaans een bril dragen omdat ze bijziend zijn.

De voeten lijken weinig grondcontact te hebben en de benen zijn zo dun dat de knieën moeten bewegen om het lichaam te ondersteunen.

Het zijn mensen met een grote leegte van binnen, meestal als gevolg van een gebrek aan moederlijke genegenheid als kind, en het zijn mensen die de neiging hebben om op anderen te vertrouwen, ook al is deze zwakte vermomd als extreme onafhankelijkheid.

2. Houding in tweeën gedeeld

Deze houding valt op door de volgende kenmerken:

- Een lichaam met zeer opgewonden spieren;
- Dunheid;
- Voeten gewezen;
- Dun en statisch gezicht;
- Armen zwaaien.

Deze houding weerspiegelt op typische wijze een laag zelfbeeld en onderdrukking van hun eigen gevoelens, hoogstwaarschijnlijk als gevolg van afwijzing in de kindertijd. De persoon zal proberen het vacuüm dat door het verlies van genegenheid is ontstaan, te vervangen door – met woorden – te laten zien dat hij overdreven sentimenteel is en aardiger voor anderen is, zonder dat ook daadwerkelijk te zijn. Dualiteit wordt gedefinieerd als het uitdrukken van het ene, terwijl het andere fysiek wordt getoond.

3. Gezwollen houding

Deze functie kenmerkt zich door:

- Gezwollen borst;
- Gespannen nek;
- Stijf bekken;

Over het algemeen steekt het bovenlichaam af ten opzichte van het onderlichaam, waardoor de benen en voeten buitenproportioneel lijken.

Van karakter is hij iemand die zijn gevoelens vaak ontkent, in de zin dat hij het bestaan ervan afwijst en de voorkeur geeft aan het idee alles en iedereen onder controle te kunnen houden. Iedereen die dit soort houding heeft, zal, zelfs als hij of zij vaak belangrijke posities in het leven kan bereiken, altijd macht over anderen moeten uitoefenen om hun eigen zwakte van het willen controleren en domineren van elke situatie te vullen; dit machtsspel zal er onvermijdelijk toe leiden dat hij door andere mensen wordt gedomineerd, als een soort verslaving.

4. Onderdanige houding

Het lichaam van de persoon die een onderdanige houding aanneemt is:

- Letterlijk in zichzelf verpletterd, waardoor het lager wordt;
- De nek lijkt groter wanneer deze verborgen is achter de schouders;
- Het verdraaide bekken;

- samengetrokken bilspieren;
- Over het algemeen trekken alle spieren samen.

Het vormt het karakter van mensen die vaak jeugdig zijn, die doen wat ze willen ten koste van anderen: ze geloven dat anderen alleen geliefd zullen worden door te doen wat ze willen.

Ze zijn vaak geïrriteerd en hebben een goed spierstelsel: door ze gespannen te houden, zullen ze proberen hun grootste angst te vermijden, namelijk de controle verliezen en hun oprechte gevoelens naar buiten laten komen.

Ze verachten vaak hun leidinggevende of iemand met een hogere sociale status dan zijzelf.

5. Stijve houding

Zeer vergelijkbaar met de houding die soldaten gebruiken, is het lichaam:

- Goed gepositioneerd, alsof het altijd alert is;
- Met een stijve nek;

- Rechte rug;
- Borst naar voren, opgeblazen.

De rigiditeit die hij over zijn lichaam laat zien, is slechts een weerspiegeling van wat hij in zich heeft, namelijk een rigide persoonlijkheid die weinig ruimte biedt voor nieuwe prikkels; afwijzing door een ouderfiguur kan de inflexibele houding bij volwassenen hebben beïnvloed, wat blijk gaf van ernstig ongeluk.

Proxemics en het gebruik van persoonlijke ruimte

Edward Hall, een Amerikaanse antropoloog, ontwikkelde in 1968 de term 'proxemische afstand'.

Dankzij de bevindingen en classificaties van deze auteur hebben we nu een beter begrip van proxemische afstanden en hun betekenis of waarde in communicatieve processen.

Op dezelfde manier gebruikte Hall de term proxemia om de studie of wetenschappelijke benadering van de ruimte als medium voor interpersoonlijke communicatie te beschrijven.

Andere auteurs hebben in dezelfde lijn de persoonlijke ruimte gedefinieerd als een gebied met 'onzichtbare grenzen' die personen omringen.

In ieder geval zijn er verschillende voorbeelden gebruikt om het concept van persoonlijke ruimte over te brengen. Sommigen noemen het een 'aura', terwijl anderen het vergelijken met een 'slak'. De meest populaire manier om naar deze proxemische afstand te verwijzen is echter door de metafoor van een 'bubbel' te gebruiken, die de persoon te allen tijde volgt en bestaat uit een zone die niet zonder toestemming kan worden betreden.

Omdat de genoemde "bubbel" echter niet altijd dezelfde breedte heeft, kan de omvang ervan fluctueren op basis van de sociale omgeving en de perceptie van het soort sociaal contact dat wordt onderhouden.

Persoonlijke ruimte verwijst naar de fysieke afstand tussen twee mensen wanneer ze met elkaar interacteren, die kan worden gemeten in meters en centimeters, wat impliceert dat er vele soorten interpersoonlijke afstand zijn.

Als gevolg hiervan is proxemics zo belangrijk omdat het bestudeert hoe mensen hun ruimte gebruiken, dat wil zeggen dat het is gewijd aan de studie van afstands- en nabijheidsverbindingen tussen personen en objecten in interactie, evenals houdingen en het ontbreken of aanwezig zijn van fysieke aanraking. . Dit is wat proxemisch afstandsonderzoek inhoudt.

Dit vakgebied is dus verantwoordelijk voor het onderzoek naar hoe mensen hun fysieke ruimte en privacy gebruiken en interpreteren, en hoe en met wie ze deze gebruiken.

De antropoloog Edward T. Hall bedacht het woord proxemics om de kloof tussen mensen tijdens hun interactie te beschrijven. De fysieke afstand tussen mensen kan evenveel non-verbale informatie overbrengen als lichaamsbewegingen en gezichtsemoties.

In verschillende contexten beschreef Hall vier niveaus van sociale afstand.

Intieme afstand: 15 tot 45 centimeter

Dit niveau van fysieke afstand duidt vaak op een nauwere relatie of meer comfort tussen individuen. Het komt meestal voor tijdens intiem contact, zoals knuffelen, fluisteren of aanraken.

Persoonlijke afstand: 45 centimeter tot 1,2 meter

Fysieke afstand op dit niveau komt meestal voor tussen mensen die familieleden of goede vrienden zijn. Hoe dichter mensen bij elkaar kunnen staan tijdens de interactie, des te groter is hun niveau van intimiteit in de relatie.

Sociale afstand: 1,2 meter tot 3,6 meter

Dit niveau van fysieke afstand wordt vaak gebruikt bij personen die kennissen zijn.

Met iemand die u redelijk goed kent, zoals een collega die u meerdere keren per week ziet, voelt u zich wellicht prettiger bij interactie op kleinere afstand.

In gevallen waarin u de ander niet goed kent, zoals iemand die eten bezorgt, kan een afstand van 3 meter of meer comfortabeler zijn.

Publieke afstand: 3,6 meter tot 7,6 meter

Fysieke afstand op dit niveau wordt vaak gebruikt in spreeksituaties in het openbaar. Spreken voor een klas vol studenten of een presentatie geven op het werk zijn goede voorbeelden van dergelijke situaties.

Het is ook belangrijk op te merken dat de mate van persoonlijke afstand die individuen nodig hebben om zich op hun gemak te voelen, van cultuur tot cultuur kan variëren.

Functies voor persoonlijke ruimte

Aan de ene kant fungeert de persoonlijke ruimte als sociale regulator; Omdat kinderen de persoonlijke ruimte niet op dezelfde manier gebruiken als volwassenen, wordt aangenomen dat deze sociaal aangeleerd is en een norm wordt. Hierdoor kunnen mensen interacties ontwikkelen die zijn afgestemd op elke gebeurtenis of context.

Bovendien heeft het een zelfbeschermingsfunctie omdat het verband houdt met de beheersing van bedreigingen voor individuen, ook al wordt dit geïnterpreteerd vanuit het perspectief dat mensen zich altijd op een kruispunt bevinden wanneer ze met anderen omgaan.

Het staat buiten kijf dat wanneer iemand te dichtbij komt, de persoon aandachtig wordt, en in veel gevallen vermindert voldoende persoonlijke ruimte stress of sociale angst. Dit houdt in dat een passende persoonlijke ruimte iemand helpt zich op zijn gemak en veilig te voelen en tegelijkertijd zijn privacy reguleert.

Op dezelfde manier is persoonlijke ruimte volgens Hall een soort verbale communicatie, omdat er, afhankelijk van de afstand die met de ander wordt gehouden, meer of minder informatie wordt verstrekt. Korte afstanden stellen iemand in het algemeen in staat het gesprek voort te zetten, terwijl een grotere afstand kan worden opgevat als de wens van het individu om interactie te vermijden of om zich formeler te verhouden.

Ten slotte is het herkennen van persoonlijke afstanden van cruciaal belang, omdat deze per cultuur verschillen. In Latijnse culturen is de proxemische afstand bijvoorbeeld vaak korter, terwijl in Scandinavische culturen het omgekeerde waar is.

Door culturele verschillen te begrijpen en te identificeren, kunnen we bepalen of de afstand groot of klein is en de nodige aanpassingen doorvoeren.

Hoofdstuk 3
Paraverbale communicatie

Op de basisschool hebben we geleerd dat er twee soorten taal zijn: verbaal (geschreven of gesproken) en non-verbaal (bewegingen of lichaamstaal).

Er is echter een derde manier om met een ander individu te communiceren, en dat is via paraverbale communicatie.

Het is een van de kwaliteiten die elke leider moet bezitten, omdat het een wapen is om doelen te bereiken.

Ten eerste: wat is paraverbale communicatie?

Voordat we beginnen, wil ik graag dat je een video zoekt waarin een religieuze prediker of een politicus op hoog niveau spreekt. Zoals je kunt zien, hebben ze vergelijkbare kenmerken en een gemeenschappelijk doel: iemand overtuigen.

Als u echter oplet, zult u merken dat bepaalde woorden in een aparte toon of tint worden uitgesproken.

Dit is een duidelijk voorbeeld van non-verbale communicatie. Het verwijst naar de vele stemtonen die worden gebruikt bij het verzenden van een bericht.

Met andere woorden, stemveranderingen worden gebruikt om specifieke woorden te accentueren en het idee duidelijker over te brengen.

De functies zijn de volgende:

- Helpt bij het wekken van de interesse van een of meer mensen
- De ontvanger kan de informatie beter begrijpen door uitsluitend de toon te gebruiken om uitroepen en vragen te stellen.
- Hiermee kunt u de gevoelens en emoties van iemand anders begrijpen.
- Het stelt communicatoren in staat meer aandacht aan een zin of woord te schenken.

Zoals eerder gezegd, wordt non-verbale communicatie bereikt door de stem te moduleren om specifieke woorden of zinsneden te benadrukken. Voordat echter wordt geprobeerd deze in te zetten, moeten de zogenaamde paraverbale aspecten in overweging worden genomen, die de luisteraar zullen helpen de boodschap beter te interpreteren.

De volgende zijn de paraverbale elementen:

- Intonatie
- pauzes
- Nadruk

Tone of voice en hun betekenis

Elke verbinding, zowel persoonlijk als professioneel, vereist effectieve communicatie.

De communicatiehandeling wordt beïnvloed door verschillende elementen, waaronder het gebruikte taalgebruik en de duidelijkheid van de boodschap.

Maar wist u dat de perceptie van de gesprekspartner van de boodschap wordt beïnvloed door de tone of voice?

U bent waarschijnlijk wel eens situaties tegengekomen waarin u de juiste toon moest kiezen. Praten met jongeren vergt bijvoorbeeld een heel andere taal en toon dan praten met collega's.

Herkent u het verschil, en hoe zou uw communicatie verlopen als u in alle scenario's en voor alle berichtontvangerprofielen dezelfde tone of voice zou gebruiken? Als dat het geval zou zijn, zou er veel lawaai zijn en zou het begrip ernstig worden belemmerd.

Daarom is het van cruciaal belang dat u weet hoe u uw toon gedurende de dag aan verschillende situaties kunt aanpassen.

Wil je meer leren over de invloed van de stem op de boodschappen die je overbrengt en zo effectiever communiceert? Oratory leert je alles wat je moet weten om op te vallen op de werkvloer. Ga op deze manier verder.

Hoe verandert de tone of voice de boodschap?

De stem vertelt veel over het beeld dat we naar anderen projecteren. Het stelt ons in staat de gemoedstoestand, emoties en andere kritische psychologische factoren te bepalen die verband houden met de uitwisseling van gesproken berichten tussen mensen.

Is er niet altijd iemand die zijn humeur doorgeeft alleen maar om 'goedemorgen' te zeggen? Psychologen hebben ontdekt dat belangrijke eigenschappen zoals passiviteit, leiderschap en gezelligheid uitsluitend kunnen worden geïdentificeerd aan de hand van de stem die wordt uitgezonden.

Mensen met energieke stemmen zijn bijvoorbeeld overtuigender, maar mensen met hoge stemmen zijn kwetsbaarder. De stem kan ook angst uiten, wat blijkt uit een trillend of te snel en laag geluid.

Ook het timbre van de stem kan zeer irriterend zijn. Volgens een CPDEC-enquête zijn het de harde en dunne stemmen die individuen het meest verontrusten (Centrum voor Onderzoek, Ontwikkeling en Voortgezet Onderwijs).

Deze kwaliteit van een presentatie kan bepalen of de aandacht van uw gesprekspartners wel of niet wordt getrokken. Daarom houden uitstekende sprekers zich bezig met al deze subtiliteiten om het grootste aantal mensen te bereiken.

Volgens een recent onderzoek van de businessschool van Duke University verdienen leidinggevenden met een diepere stem een betere beloning en hebben ze meer baanstabiliteit. Is het niet intrigerend? Wie had ooit gedacht dat de stem zo'n cruciale succesfactor kon zijn?

Er is nog een intrigerend detail: de tone of voice is ook de manier waarop mensen gewoonlijk bepalen of iemand woedend is, iets oplegt of simpelweg iets suggereert. Een warme toon maakt interacties productiever en de inhoud begrijpelijker.

Met andere woorden, uw toon beïnvloedt hoe nadrukkelijk u bent in wat u zegt, en ook hoe duidelijk en objectief uw argumenten en uitspraken zijn. Dit betekent dat zelfs als u een onderwerp grondig leert, als uw toon niet verandert, het grootste deel van de boodschap gemist zal worden.

Hoe kies je de juiste tone of voice?

Ademen is de eerste stap bij het bepalen van uw stemtoon. Geluiden worden immers voortgebracht door de luchtbeweging via het strottenhoofd, waardoor een goede ademhaling de stemkwaliteit in stand houdt. Om het spreken te verbeteren, bieden logopedisten ademhalingsoefeningen aan.

Als u verkeerd ademhaalt, kan uw stemniveau dalen en zelfs verbrijzelen. Denk daarom eens na over de voorbeelden die we hebben gegeven om u te helpen effectief te communiceren door voor elke interactie de juiste toon te gebruiken.

Leer de ideale stemtoon voor elk type situatie te definiëren

1 – Tijdens vergaderingen

Niet elke situatie vereist het gebruik van een luide stem. Het is misschien niet gepast om het tijdens een werkvergadering te gebruiken, omdat het een onbeleefde en onprofessionele houding uitstraalt. Bovendien is dit het soort setting waarin iedereen die deelneemt een ruimte inneemt die sterk op de jouwe lijkt.

Als resultaat hiervan is de ideale oplossing het creëren van een omgeving die uitnodigend en gastvrij is, waarin iedereen zich gewaardeerd voelt in zijn professionele verantwoordelijkheden. Als u in deze situatie te luid spreekt, kan dit ertoe leiden dat u de mensen daar bang maakt en ernstig verandert wat mensen uit uw toespraak opmerken.

Als je echter van het verlegen type bent en met een nauwelijks hoorbare stem spreekt, kan dit ook een probleem zijn. Om deze situatie te overwinnen, is het nuttig om meerdere keren te oefenen met communiceren en, indien mogelijk, inhoud te ontmoeten; hierdoor voelt u zich veiliger en comfortabeler.

Bovendien houdt woordarticulatie verband met goede communicatie, wat resulteert in een bevredigend begrip van alle overgebrachte kennis. Daarom is het van cruciaal belang om elk woord duidelijk uit te spreken.

Daar houdt het niet op: de snelheid van spreken is een ander onderdeel dat de ontvangst van de boodschap door de gesprekspartner beïnvloedt. Als het te snel gaat, gaat informatie verloren; als het te langzaam is, wordt het repetitief en saai.

2 – In contact met het team

Degenen die autoriteitsposities bekleden, hebben een communicatiesysteem dat dient als steunpunt voor de ondergang van hun autoriteit. De toespraken van een leider moeten assertief zijn, wat inhoudt dat hij moet weten hoe hij de juiste woorden moet kiezen, objectief en duidelijk moet zijn en een acceptabele toon moet hebben.

Omdat de relaties met het team intiemer en informeler zijn dan bijvoorbeeld werkvergaderingen, kan de toon ontspannender zijn. In deze omstandigheden zijn bepaalde grappen, een goed humeur en natuurlijkheid passend, altijd met respect en voorzichtigheid.

3 – In presentaties op het werk

Zoals eerder gezegd kan te zacht spreken tijdens een presentatie saai en eentonig zijn. Op zulke momenten moet de aandacht van mensen op u worden gericht, wat kan worden bereikt met een enthousiastere toon.

In dergelijke gevallen kunt u iets luider spreken, maar houd er rekening mee dat luid spreken niet hetzelfde betekent als schreeuwen. Het is het beste om de intensiteit van uw toespraak te variëren, afhankelijk van de noodzaak om specifieke elementen van uw boodschap te benadrukken.

Om dit aspect te verbeteren, moet u diep ademhalen en een juiste houding aannemen, zodat lucht van de longen naar het strottenhoofd kan stromen. Houd er rekening mee dat langdurig spreken vergelijkbaar is met een uithoudingsrace: u moet fysiek voorbereid zijn, wat een goede ademhaling en verzorging van de stembanden met zich meebrengt.

Ritme en snelheid van spreken en hun betekenis

Spreken voor een publiek, hoe groot of klein ook, kan lastig zijn. Mensen die dit moeten doen, worden vaak ongerust en hun spreeksnelheid verandert. Ze beginnen snel te praten en de boodschap wordt niet goed ontvangen. Zoals je kunt verwachten zijn de mogelijkheden voor effectieve communicatie beperkt. Groetjes! Degenen die naar u luisteren, zullen negatief reageren als u te langzaam spreekt. Niemand wil dat ons publiek zich verveelt en slaperig wordt. Het beheersen van de spreeksnelheid is essentieel voor efficiënte communicatie. Als het gaat om het opbouwen van een succesvol oratorium, is het beheersen van de snelheid van spreken van cruciaal belang.

Waarom is het essentieel om de spreeksnelheid te reguleren?

Niemand heeft de bewering kunnen tegenspreken dat stem het meest effectieve communicatie-instrument is. Wij vinden het leuk om met u te praten. Dit is de reden waarom video's en podcasts zelfs op internet de boventoon voeren. Dit komt door de tussenkomst van de stem.

Belangrijke communicatie vereist niet alleen wat we zeggen, maar ook hoe we het uitdrukken. Als gevolg hiervan zullen we de spraaksnelheid en de betekenis van een passend spraakritme bespreken.

Herinner je je het personage Don Draper uit "Mad Men"? Zijn beheersing van het spraaktempo was een van zijn grootste troeven als publicist aan Madison Avenue. Als hij een campagne moest leveren aan klanten of bureaupartners, verleidde hij met zijn stem en communiceerde uiteraard met succes.

Als het om communicatie gaat, zijn er veel mensen die moeite hebben met het beheersen van het ritme van de spraak. Een van de meest voorkomende problemen is te snel spreken.

Bovenal als er een tijdslimiet is voor onze blootstelling. Onze ontvangers hebben moeite met het interpreteren van onze boodschap wanneer de spreeksnelheid wordt gewijzigd. De woorden zijn afgekapt en voor hen onbegrijpelijk.

Heeft u dit ooit ervaren als u naar iemand luistert die snel spreekt?

Onze hersenen hebben het vermogen om de woorden die we horen te verwerken. Daarom bestaat er een optimaal spreektempo.

Met deze spreeksnelheid kunt u de aandacht van uw publiek vasthouden. Onthoud dat de toon van uw stem, pauzes, enzovoort allemaal belangrijke factoren zijn.

Als uw spreeksnelheid onder het juiste niveau komt, kunnen uw hersenen zich gaan vervelen, op andere dingen gaan letten en zal efficiënte communicatie ophouden.

Het belang van het beheersen van de spreeksnelheid

Wanneer we de leiding hebben over het overbrengen van een idee, het spreken voor een publiek of het overtuigen tijdens een sollicitatiegesprek, wordt het ritme van onze toespraak een sterk instrument.

Wil je dat ze naar je luisteren, je begrijpen en je uiteindelijk geloven? U moet leren uw spreektempo te matigen. De manier waarop ideeën worden gecommuniceerd, speelt een belangrijke rol in het succes ervan.

Stel dat u, net als Don Draper, de taak heeft gekregen om een nieuw product te presenteren aan de leidinggevenden van uw bedrijf. Je werkt al maanden aan het project en kent het door en door. Maar nu is het moment om het te presenteren. De machtigste mannen en vrouwen van het bedrijf zullen je in de gaten houden.

Waar begin je? De eerste stap is om op te schrijven wat je wilt overbrengen. In deze stap zullen we ons geen zorgen maken over de snelheid van spreken. De tijd zal komen om het meest acceptabele spraakritme te vinden.

Dan kun je het met een redelijke snelheid – tussen de 130 en 170 woorden per minuut – lezen terwijl je het opneemt. Houd rekening met de tijd die het van u heeft gevergd.

Hoeveel woorden per minuut gebruikte u gemiddeld? Het is nu jouw beurt om te corrigeren en keer op keer te repeteren.

Vergeet niet om ook uw spraaktoon onder controle te houden. Een saaie toespraak kan effectieve communicatie tegenwerken. Maar daar komen we in een later essay op terug.

Vergeet niet om altijd een beleefde toon te gebruiken. Technische presentaties worden niet aanbevolen, tenzij u voor een groep wetenschappers spreekt.

Het ontwikkelen van sterke communicatieve vaardigheden via stem kan u helpen geweldige prestaties te bereiken. Vooral als het uw werk betreft het overtuigen, verkopen of overtuigen van anderen die naar u luisteren.

De snelheid van uw spraak, de toon die u gebruikt en al het andere dat verband houdt met het ritme van uw spraak zijn niet altijd consistent. Een van de vaardigheden die u moet hebben, is het vermogen om uw doelgroep te bepalen. Wie zijn de mensen die naar je zullen luisteren? Wat hoop je eruit te halen?

Je volledige focus moet liggen op de mensen die naar je luisteren. Hiervoor is training nodig. De manier waarop u uw stem gebruikt en uw woorden structureert, zal altijd verbonden zijn met de luisteraars.

Zo leert u uw spreeksnelheid beheersen. Het bereik van 130 tot 170 woorden per minuut geeft aan dat u zich moet aanpassen op basis van uw doelen.

Een andere vaardigheid die wordt getest, is uw vermogen om de ontvankelijkheid van uw boodschap te interpreteren. Weten dat u de reacties van uw publiek kunt begrijpen, is essentieel voor effectieve communicatie. Terwijl je spreekt, is er non-verbale communicatie. Ze zal uitleggen hoe ze het bericht ontvangen. Als u de intensiteit van uw stem wilt veranderen. Of uw spreeksnelheid geschikt is of dat u deze moet wijzigen.

Zoals je ziet is de stem het ultieme communicatiemiddel, en het overtuigen ervan vergt oefening.

Pauze en stilte en hun betekenis

Een pauze is een korte stop of onderbreking in stem of activiteit. De afwezigheid van geluid of ruis wordt stilte genoemd.

Afhankelijk van de context en het doel van de spreker kunnen beide verschillende betekenissen overbrengen.

Een pauze in een gesprek kan bijvoorbeeld aarzeling, verwarring of een verandering van onderwerp impliceren, terwijl stilte in dezelfde context kan duiden op instemming, begrip of een gebrek aan antwoord.

Stilte is een opzettelijke afwezigheid van geluid in muziek die kan worden gebruikt om contrast en dynamiek te creëren. Over het algemeen kunnen zowel pauze als stilte worden gebruikt als vormen van communicatie, waarbij een breed scala aan emoties en betekenissen wordt overgebracht.

Hoofdstuk 4
Lichaamstaal lezen bij anderen

Het lezen van lichaamstaal, ook wel non-verbale communicatie genoemd, kan u helpen bepalen hoe iemand zich voelt of denkt. Hier volgen enkele veelvoorkomende signalen waar u op moet letten:

- *Gezichtsuitdrukkingen:* De uitdrukkingen op iemands gezicht kunnen veel over zijn emoties onthullen. Een glimlach kan bijvoorbeeld geluk of vriendelijkheid overbrengen, terwijl een gefronst voorhoofd onzekerheid of bezorgdheid kan overbrengen.
- *Oogcontact:* De manier waarop iemand naar je staart, kan veel informatie onthullen. Het vermijden van oogcontact kan uiting geven aan verlegenheid of oneerlijkheid, terwijl direct oogcontact vertrouwen kan weerspiegelen.

- ***Houding*** kan ook informatie verschaffen over iemands gevoelens of bedoelingen. Iemand die slungelig is, kan zich kalm voelen, terwijl iemand die rechtop staat zich zelfverzekerd of assertief kan voelen.
- ***Gebaren:*** Hand- en armbewegingen kunnen ook betekenis uitdrukken. Iemand die tijdens het praten bijvoorbeeld met de handen gebaart, kan zich uitbundig of hartstochtelijk voelen, terwijl iemand die de armen over elkaar slaat zich defensief of afgesloten kan voelen.

Technieken om de emoties van anderen te lezen via lichaamstaal

Spraakvaardigheid is slechts één aspect van effectieve communicatie. Emoties en lichaamstaal zijn van cruciaal belang bij het communiceren van informatie. In werkelijkheid onthult lichaamstaal veel over hoe je je op dit moment voelt en denkt. Mensen die niet weten hoe ze hun non-verbale signalen moeten verbergen, kunnen in de problemen komen.

De meeste beroemdheden en verkopers beheersen de uitgestreken, stenen gezicht-methode, ook wel bekend als de Poker Face. Hierdoor kunnen ze emotieloos blijven, zelfs als ze zich midden in schandalige scènes bevinden voor duizenden camera's. Bij de verkoop houden verkopers vaak een strak gezicht, ook al staat de informatie die aan de koper wordt verstrekt lijnrecht tegenover de kwaliteit van de aangeboden goederen.

De meesten van ons weten echter niet hoe we onze reacties in het dagelijks leven kunnen beheersen. Het kunnen lezen van iemands emoties op basis van lichaamstaal en gebaren is daarom essentieel voor efficiënte communicatie. En niet alleen dat, maar dit inzicht kan u ook helpen uw reputatie hoog te houden en in elke situatie kalm te blijven.

Hoe kun je door alleen maar naar hem of haar te kijken weten of iemand bang, woedend, blij, verbaasd of verdrietig is?

Hier zijn een paar indicatoren die u kunnen helpen de emoties van uw gesprekspartner te lezen.

Als iemand gelukkig is, dan...

- lacht veel. We kunnen er zelfs op rekenen dat hij een beetje springt als hij loopt;
- verzachte gezichtsspieren en veranderde gebaren;
- neuriet tegen zichzelf.

Als iemand zich zorgen maakt, dan...

- heeft een bleek gezicht en droge lippen;
- begint hevig te zweten;
- erg nerveus en heeft sluwe ogen;
- maakt repetitieve bewegingen, zoals tikken met een vinger;
- maakt scherpe, plotselinge bewegingen;
- stottert.

Als iemand boos is, dan...

- legt zijn vuist op tafel en spreekt met luide stem;
- zijn vuist balde en naar voren leunde tijdens een gesprek met een gesprekspartner;

- spreekt letterlijk door zijn tanden, zijn stem krijgt een grommende, dreigende toon;
- heeft gespannen spieren.

Als iemand verrast is, zal hij...

- opent plotseling zijn mond, wat de uitdrukking "mond openvalt" belichaamt;
- doet plotseling een stap achteruit;
- zijn ogen groter maakt of zijn hand voor zijn mond legt.

Als iemand verdrietig is, dan...

- heeft trillende lippen;
- kan u niet recht in de ogen kijken en heeft soms een betraande blik;
- verwerft een gebogen, verstopte positie van het lichaam;
- Gebruikt een tamelijk rustige of zwakke toon.

Dit zijn slechts enkele indicatoren van iemands primaire emoties. Omdat sommige emoties door elkaar kunnen raken, moet u de context van de dialoog begrijpen om correct te kunnen bepalen wat iemand voelt.

Het lezen van lichaamstaal vereist zowel oefening als empathie. Er bestaat geen vaste regel over hoe lichaamstaal verband houdt met emoties, maar er zijn wel algemene indicatoren die bij de meeste mensen ontdekt kunnen worden.

Samenvattend: lichaamstaal maakt deel uit van ons dagelijks leven, en iedereen die voortdurend de uitingen van zijn emoties onderdrukt, wordt door anderen gezien als ongevoelig en droog. De natuur heeft ons dit hulpmiddel gegeven om gevoelens te uiten die we niet verbaal kunnen uiten.

Hoe inconsistenties tussen verbale en non-verbale taal te interpreteren

Verbale taal onderscheidt zich door het gebruik van woorden, terwijl non-verbale taal symbolen, gebaren, afbeeldingen en andere non-verbale indicatoren gebruikt (zonder het gebruik van woorden).

Voor communicatie zijn minimaal twee mensen nodig: de afzender van het bericht en iemand die het ontvangt (ontvanger).

In het gewone leven is het gebruikelijk om beide soorten taal tegelijkertijd te gebruiken. Ondanks de nadruk op verbale communicatie in een gesprek, speelt non-verbale taal een cruciale rol via de woorden die worden gesproken.

Non-verbale taal, die zichtbaar is in gebaren, gezichtsuitdrukkingen en woordintonatie, kan de betekenis van woorden versterken of veranderen.

Wat is verbale taal?

Verbale taal onderscheidt zich door het gebruik van woorden om te communiceren. Deze uitdrukkingen kunnen gesproken of geschreven zijn. Een lexicon is een verzameling termen die in een taal worden gebruikt.

Het beheersen van een verzameling woorden en hun betekenis is de essentie van leren praten (lexicon). Een persoon wordt vanaf zijn kindertijd geleerd een steeds grotere hoeveelheid woorden te begrijpen en te gebruiken.

Mensen beheersen het gebruik van deze vocale markers (woorden) tijdens hun vorming en worden in staat te communiceren door middel van spraak en schrijven.

Om iets te communiceren wordt echter gebruik gemaakt van een combinatie van verbale en non-verbale communicatie.

Wat is non-verbale taal?

Non-verbale communicatie wordt gedefinieerd als elke communicatie waarbij gebruik wordt gemaakt van non-verbale kenmerken. Met andere woorden: vermijd het gebruik van woorden.

Wanneer een boodschap niet mondeling kan worden overgebracht, is non-verbale communicatie een effectief alternatief. Verkeersborden maken bijvoorbeeld deel uit van de non-verbale code die automobilisten leren.

Schilderijen en sculpturen zijn voorbeelden van non-verbale communicatie in de beeldende kunst. Het is aan de ontvanger om ze opnieuw te interpreteren op basis van hun gedachten, emoties en gevoelens.

Houd bij het begrijpen van tegenstellingen tussen verbale en non-verbale taal het volgende in gedachten:

- *Incongruentie* ontstaat wanneer verbale en non-verbale aanwijzingen niet overeenkomen. Als iemand bijvoorbeeld zegt vrolijk te zijn, maar uit zijn lichaamstaal blijkt dat hij verdrietig is, kan dit betekenen dat hij zijn oprechte gevoelens maskeert of zich niet bewust is van zijn eigen lichaamstaal.
- Inconsistenties tussen verbale en non-verbale communicatie kunnen ook door bedrog worden veroorzaakt. Als iemand bijvoorbeeld oneerlijk is, kan hij of zij met woorden bedriegen, terwijl zijn lichaamstaal zijn oprechte gevoelens onthult.

- **Sociale normen:** Inconsistenties tussen verbale en non-verbale taal kunnen worden veroorzaakt door sociale normen. Omdat het in sommige culturen als onaangenaam wordt beschouwd om negatieve emoties vocaal te uiten, kan iemand verbale taal gebruiken om zijn oprechte gevoelens te verhullen, terwijl zijn lichaamstaal deze onthult.
- **Interne staat:** De interne toestand van een individu kan de consistentie van verbale en non-verbale signalen beïnvloeden. Iemand die bijvoorbeeld bezorgd of geagiteerd is, kan moeite hebben om zijn lichaamstaal te reguleren, zelfs als hij vocaal kalm probeert over te komen.

Hoe lichaamstaalinformatie te gebruiken om de communicatie te verbeteren

Sterke communicatieve vaardigheden kunnen u zowel thuis als op het werk helpen. Hoewel verbale en schriftelijke communicatieve vaardigheden belangrijk zijn, heeft onderzoek aangetoond dat slechts 7% van de face-to-face communicatie via woorden plaatsvindt. De overige 93% gebeurt via non-verbale communicatie, waaronder zang voor 38% en lichaamstaal (bewustzijn, evenwicht en cadans) voor 55%.

Face-to-face communicatie bestaat uit drie delen: de woorden die worden gezegd, de toon van de stem en de manier waarop mensen handelen tijdens een gesprek, wat vaak 'non-verbale communicatie' wordt genoemd. Lichaamstaal, oogcontact, gebaren en zelfs de afstand tussen twee mensen zijn allemaal vormen van non-verbale communicatie. Door non-verbale communicatie goed in te zetten, kun je je teamleden beter overtuigen en inspireren, en kun je ze misschien zelfs harder laten werken.

Probeer deze tips om non-verbale communicatie in uw voordeel te gebruiken tijdens gesprekken.

1. Ga rechtop staan en neem wat ruimte.

Zie er zelfverzekerder uit door uw houding recht te houden en uw schouders naar achteren te houden. Hou je hoofd omhoog. Als u zit, probeer dan beide voeten plat op de grond te zetten en uw armen van uw lichaam af te strekken.

2. Verruim je houding.

Als u met uw voeten dicht bij elkaar staat, kunt u aarzelend overkomen. Door uw houding te verbreden, komt u zelfverzekerder over. Ontspan je knieën en centreer je gewicht op je onderlichaam.

3. Zorg voor positief oogcontact.

Als je geen oogcontact maakt, kan het overkomen alsof je iets ontwijkt of probeert te verbergen. Aan de andere kant kan te veel oogcontact confronterend of intimiderend aanvoelen. In het Westen wordt van je verwacht dat je 50-60% van de tijd oogcontact houdt. Voor introverte mensen en mensen uit verschillende culturen kan dit moeilijk zijn. Hier is een eenvoudige techniek die kan helpen: wanneer u een collega of andere kennis begroet, kijk hem dan lang genoeg in de ogen om zijn oogkleur te identificeren.

4. Let op de toon van je stem.

Uw toon kan een schat aan informatie overbrengen, variërend van enthousiasme tot desinteresse tot woede. Toon kan een effectieve manier zijn om uw boodschap te versterken. Merk op hoe de toon van uw stem invloed heeft op hoe anderen op u reageren en probeer deze te gebruiken om de ideeën die u wilt overbrengen te benadrukken. Als u bijvoorbeeld oprechte interesse in iets wilt tonen, kunt u uw enthousiasme uiten door een levendige toon te gebruiken. Dergelijke signalen geven niet alleen uw gevoelens over een onderwerp weer, ze kunnen er ook toe bijdragen de interesse te wekken van mensen die naar u luisteren.

5. Praat met je handen.

Het opnemen van gebaren in gesprekken verbetert de verbale inhoud en leidt tot minder aarzelende spraak, door tussenwerpsels zoals "eh" en "uh" te verminderen. Onderzoek naar hersenscans heeft aangetoond dat een gebied dat het gebied van Broca wordt genoemd en belangrijk is voor de spraakproductie, niet alleen actief is als we praten, maar ook als we met onze handen zwaaien. Deze koppeling zorgt ervoor dat het verwerken van gebaren in je spraak leidt tot helderdere gedachten en meer zelfvertrouwen tijdens het spreken.

6. Perfectioneer je handdruk.

Dit geldt uiteraard wanneer onze sociale contacten na de Covid-19-pandemie terugkeren naar een zekere normaliteit. Als uw handdruk te zwak is, kunt u als zwak worden ervaren.

Als je handdruk te krachtig is, zie je eruit als een pestkop. De juiste handdruk kan u onmiddellijk geloofwaardigheid geven. Er zijn culturele verschillen als het gaat om de ideale handdruk, maar in het Westen moet je de ander doorgaans rechtstreeks aankijken, stevig palm-tot-palm contact maken met je hand en de druk van de hand zoveel mogelijk aanpassen. Een goede handdruk is voor iedereen belangrijk, maar vooral voor vrouwen;

7. Verminder nerveuze gebaren.

We gebruiken allemaal gebaren als we nerveus of gestrest zijn. Deze omvatten dingen zoals onze handen wrijven, onze voeten laten stuiteren, ons haar ronddraaien, met onze sieraden spelen en meer. Helaas leiden deze gebaren tot een verlies aan geloofwaardigheid in wat we zeggen. Wanneer u merkt dat u deze dingen doet, haal dan diep adem en breng uzelf tot rust door uw voeten stevig op de grond te plaatsen en uw handen in uw schoot of naast u te plaatsen. Rust geeft de boodschap af dat u kalm en zelfverzekerd bent.

8. Glimlach.

Wist je dat we op zo'n 100 meter afstand een glimlach kunnen zien, zo lang als een voetbalveld? Glimlachen maakt je niet alleen gelukkiger, maar vertelt de mensen om je heen ook dat je aanspreekbaar en betrouwbaar bent. Het heeft ook direct invloed op hoe anderen op je reageren, als je naar iemand lacht, zullen ze bijna altijd naar je glimlachen. Deze teruggekeerde glimlach kan zelfs de emotionele toestand van deze persoon positief veranderen!

9. Stel vragen.

Als je in de war bent over de non-verbale signalen van iemand anders, wees dan niet bang om vragen te stellen. Het is een goed idee om uw interpretatie van wat er is gezegd te herhalen en om opheldering te vragen. Soms kan het stellen van vragen al veel duidelijkheid in een situatie brengen. Iemand kan bijvoorbeeld bepaalde non-verbale signalen afgeven omdat hij iets anders aan zijn hoofd heeft. Door meer te weten te komen over haar boodschap en intentie, kun je een beter idee krijgen van wat ze echt probeert te zeggen.

10. Oefenen, oefenen, oefenen.

Sommige mensen lijken gewoon een talent te hebben om non-verbale communicatie effectief te gebruiken en de signalen van anderen correct te interpreteren. Van deze mensen wordt vaak gezegd dat ze 'gedachten kunnen lezen'. In feite is non-verbale communicatie een vaardigheid die je kunt verbeteren. Je kunt deze vaardigheid ontwikkelen door goed te letten op non-verbaal gedrag en door verschillende soorten non-verbale communicatie met anderen te oefenen.

Non-verbale communicatieve vaardigheden zijn belangrijk omdat ze u kunnen helpen uw punt duidelijk te maken en te begrijpen wat andere mensen proberen te zeggen. Sommige mensen lijken met deze vaardigheden te zijn geboren, maar iedereen kan er door oefening beter in worden.

hoofdstuk 5
Bewust gebruik van lichaamstaal

Lichaamstaal is een belangrijk communicatiemiddel. Het kan emoties, intenties en attitudes overbrengen zonder woorden te gebruiken. U kunt uw vermogen om effectief te communiceren vergroten en diepere verbindingen ontwikkelen door u meer bewust te worden van uw eigen lichaamstaal.

De eerste stap naar bewust gebruik van lichaamstaal is het bewust worden van je eigen non-verbale indicatoren. Houding, gezichtsuitdrukkingen, gebaren en oogcontact zijn allemaal voorbeelden van non-verbale communicatie. Rechtop staan met je schouders naar achteren kan bijvoorbeeld vertrouwen tonen, maar slungelig kan onzekerheid uitstralen. Wegkijken duidt op apathie of oneerlijkheid, terwijl oogcontact duidt op interesse en aandacht.

Wanneer u zich algemeen bewust bent van uw eigen lichaamstaal, kunt u veranderingen gaan aanbrengen om de manier waarop u op anderen overkomt, beter te maken. Als u bijvoorbeeld de neiging heeft om te friemelen of oogcontact te vermijden wanneer u voor een publiek spreekt, moet u oefenen om een stevige houding aan te nemen en oogcontact te houden met uw publiek. Hierdoor kom je zekerder en aantrekkelijker over.

Het is van cruciaal belang om je bewust te zijn van de non-verbale signalen van anderen, naast het verbeteren van je eigen lichaamstaal. U kunt de gedachten en gevoelens van mensen om u heen beter begrijpen door op hun lichaamstaal te letten. Gekruiste armen kunnen bijvoorbeeld defensief gedrag uiten, terwijl uitgestrekte handpalmen kunnen duiden op eerlijkheid en openheid. U kunt uw communicatiestijl aanpassen om beter contact te maken met de andere persoon door deze signalen te interpreteren.

Aanpassing aan verschillende culturen en omgevingen is een ander belangrijk onderdeel van bewust lichaamstaalgebruik. Verschillende culturen kunnen verschillende normen en verwachtingen op het gebied van lichaamstaal hebben, dus het is van cruciaal belang om je bewust te zijn van deze verschillen. Direct oogcontact wordt bijvoorbeeld in sommige culturen als een teken van respect beschouwd, maar in andere als onaangenaam of vijandig. Bovendien kan de manier waarop u lichaamstaal in een formele context gebruikt, verschillen van hoe u deze in een informele omgeving gebruikt.

Hoe je je lichaamstaal kunt gebruiken om je gedachten en gevoelens effectief uit te drukken

We zullen mensen en onszelf veel beter begrijpen als we leren het lichaam te observeren. We kunnen leren hoe we ons voelen en wat we nodig hebben door naar ons lichaam te luisteren.

Het lichaam herbergt de emotionele wereld. Een goede controle van sensaties en emoties, of 'emotionele intelligentie', is afhankelijk van ons bewustzijn van wat ons lichaam zegt.

Om het lichaam te ontcijferen is het nodig om de actie te pauzeren en jezelf af te vragen: hoe gaat het met mij? Waar denk ik aan? hoe voel ik mij Wat houdt het in? Geduld, oefening en vertrouwen zijn essentieel bij het wachten op antwoorden.

We worden gebombardeerd met informatie waarvan we ons niet bewust zijn. Om verbinding te maken met dit onbewuste begrip is het essentieel om het lichaam te doorzoeken.

Verbinding maken met ons lichaam kan echter verontrustend zijn. Moeilijkheden bij het omgaan met tegengestelde emoties leiden tot repressie. Het negeren van wat het lichaam u vertelt, kan op de lange termijn leiden tot verhoogde fysieke stijfheid en mogelijk tot somatisaties.

Wanneer het lichaam herhaaldelijk gedwongen wordt te verhullen hoe het voelt, verliest het uiteindelijk zijn flexibiliteit. Hij verliest de toegang tot emoties, die zich in de spieren ophopen als gevolg van zijn gebrek aan expressie.

Als gevolg hiervan blijft het lichaam stilstaan en kan het ziek worden om onderdrukte emoties te ontladen. Migraine, rugklachten en problemen met de spijsvertering kunnen symptomen zijn van onopgeloste conflicten. Om de vitaliteit te herwinnen is het cruciaal om de confrontatie aan te gaan en los te laten wat onderdrukt is.

Lichaamstaal is een effectief middel om gedachten en gevoelens over te brengen. Hier volgen enkele tips over hoe u lichaamstaal effectief kunt gebruiken:

- Gebruik een open en zelfverzekerde lichaamstaal. Om te laten zien dat u vriendelijk en zelfverzekerd bent, moet u rechtop staan, oogcontact maken en open handbewegingen maken.
- Gebruik bewegingen om uw woorden te benadrukken. Gebruik een wijzende vinger om een specifiek punt te benadrukken, of een vegende beweging om een breed idee over te brengen.

- Gebruik gezichtsuitdrukkingen om emoties te tonen. Een glimlach kan vreugde overbrengen, terwijl een gefronst voorhoofd verbijstering of frustratie kan overbrengen.
- Breng machtsdynamiek tot stand met behulp van proxemics. Het gebruik van ruimte en afstand bij communicatie wordt proxemics genoemd. Dichter bij iemand staan kan intimiteit overbrengen, terwijl verder weg staan afstand of macht kan overbrengen.
- Wees je bewust van je eigen lichaamstaal en die van anderen. Let op hoe anderen staan, zitten en gebaren, en op hun gezichtsuitdrukkingen en oogcontact.

Technieken om het bewustzijn van de lichaamstaal te verbeteren en deze aan te passen
Lichaamstaal is een krachtig hulpmiddel dat een aanzienlijke invloed kan hebben op hoe mensen ons zien en hoe we omgaan met onze omgeving. Het heeft het vermogen om onze emoties, doelstellingen en mate van vertrouwen over te brengen. Het verbeteren van het bewustzijn van de eigen lichaamstaal en het leren

aanpassen ervan kan helpen de communicatie te verbeteren, relaties te versterken en een positiever imago uit te stralen.

- Aandacht besteden aan je eigen lichaamstaal is de eerste stap om je daar meer bewust van te worden. Denk na over hoe u staat, zit en beweegt, en hoe anderen reageren op uw bewegingen en gebaren. Begin met jezelf in de gaten te houden in verschillende scenario's, zoals een vergadering, een presentatie of gewoon een informeel gesprek. Probeer gedurende de dag bewust te zijn van uw lichaamstaal en breng indien nodig wijzigingen aan.
- Een andere belangrijke strategie is het observeren van de lichaamstaal van anderen. Let op hoe anderen staan, zitten en bewegen, evenals op hun gezichtsuitdrukkingen en gebaren. Hierdoor krijgt u een beter inzicht in hoe lichaamstaal werkt en hoe u deze effectief kunt gebruiken om te communiceren. Dit kan je ook helpen de signalen van anderen te begrijpen en hoe je ze moet lezen, wat van pas kan komen in

allerlei scenario's, zoals sollicitatiegesprekken, onderhandelingen en andere sociale ontmoetingen.

- Oefenen voor de spiegel is een uitstekende techniek om je bewustzijn van je eigen lichaamstaal te vergroten en veranderingen aan te brengen. Oefen gevarieerde posities, bewegingen en gezichtsuitdrukkingen voor een spiegel. Merk op hoe u zich bij elk ervan voelt en hoe dit voor anderen overkomt. Dit kan u helpen bij het identificeren van de bewegingen en uitdrukkingen die voor u het meest succesvol zijn en waarmee u zich het meest op uw gemak voelt.

- Het zoeken naar feedback is een andere effectieve manier om uw bewustzijn van uw eigen lichaamstaal te vergroten. Vraag feedback over uw lichaamstaal aan een vriend of familielid. Dit kan nuttig zijn bij het vinden van verbeterpunten. Het is van cruciaal belang dat u iemand vindt die u kunt vertrouwen en die u eerlijke opmerkingen kan geven.

- Een andere nuttige strategie is het gebruik van positieve lichaamstaal. Om vertrouwen en optimisme over te brengen, moet u rechtop staan, oogcontact maken, glimlachen en open bewegingen maken. Maak van deze activiteiten een gewoonte door ze regelmatig te herhalen. Positieve lichaamstaal kan helpen bij de ontwikkeling van vertrouwen en geloofwaardigheid, en zorgt ervoor dat u zich zelfverzekerder en rustiger voelt.
- Als het om lichaamstaal gaat, is het net zo belangrijk om je bewust te zijn van culturele verschillen. Als het om lichaamstaal gaat, hebben verschillende culturen verschillende regels. Direct oogcontact wordt bijvoorbeeld in bepaalde culturen als onbeleefd beschouwd, maar in andere als een blijk van respect. Om misverstanden of het beledigen van iemand te voorkomen, moet u deze verschillen in gedachten houden wanneer u in contact komt met mensen met verschillende achtergronden.

- Tenslotte is het volgen van een les of workshop een uitstekende methode om je bewustzijn en vermogen om je eigen lichaamstaal aan te passen te ontwikkelen. Er zijn veel cursussen en lessen beschikbaar die zich richten op lichaamstaal en het juiste gebruik ervan. Het volgen van een van deze lessen kan een geweldige kans zijn om meer over het onderwerp te leren en tegelijkertijd praktijkervaring op te doen. Dit is ook een uitstekende gelegenheid om van professionals te leren en feedback te krijgen op je lichaamstaal.

Ten slotte is lichaamstaal belangrijk in de communicatie, omdat het invloed heeft op hoe anderen ons zien en hoe we omgaan met de wereld om ons heen. Het verbeteren van het bewustzijn van de eigen lichaamstaal en het leren aanpassen ervan kan helpen de communicatie te verbeteren, relaties te versterken en een positiever imago uit te stralen. U kunt zich meer bewust worden van uw eigen lichaamstaal, de signalen van anderen begrijpen en deze effectief gebruiken om uw boodschap over te brengen en prettige ontmoetingen te genereren door de hierboven aangegeven vaardigheden te oefenen.

Technieken om het bewustzijn van de lichaamstaal te verbeteren en deze aan te passen
Het ontwikkelen van een gunstig imago is van cruciaal belang voor iedereen die op zoek is naar succes in zijn persoonlijke of professionele leven. Lichaamstaal is een van de meest effectieve strategieën om een gunstig imago te projecteren. U kunt vertrouwen, positiviteit en vriendelijkheid overbrengen door lichaamstaal te begrijpen en efficiënt te gebruiken, wat kan helpen vertrouwen en geloofwaardigheid te ontwikkelen. Hier zijn enkele suggesties om uw lichaamstaal te gebruiken om een positief imago te projecteren:

- *Strek uw rug.* Een goede houding straalt vertrouwen en evenwicht uit. Ga rechtop staan, schouders naar achteren en hoofd omhoog. Hierdoor lijk je groter, zelfverzekerder en toegankelijker.

- *Maak direct oogcontact.* Oogcontact maken straalt vertrouwen en eerlijkheid uit. Wanneer u met iemand communiceert, maak dan oogcontact om te laten zien dat u betrokken bent en geïnteresseerd bent in wat zij te zeggen hebben. Het vermijden van oogcontact kan de indruk wekken dat u onbetrouwbaar of onzeker bent.
- *Maak brede gebaren.* Open gebaren drukken warmte en eerlijkheid uit, zoals open armen en een open handpalm. Vermijd gesloten bewegingen die defensiviteit of agressie impliceren, zoals gekruiste armen of een gesloten vuist.
- *Glimlach.* Een glimlach kan vriendelijkheid en warmte uitstralen. Een simpele glimlach kan ervoor zorgen dat u vriendelijker overkomt en anderen op hun gemak stelt.
- *Pas de juiste aanraking toe.* Een zachte tik op de arm of schouder kan vriendelijkheid en steun overbrengen. Het is echter van cruciaal belang dat u zich bewust bent van culturele

conventies en elk ongewenst contact vermijdt.

- *Spreek duidelijk en met gezag.*Gebruik voldoende volume en spreek duidelijk en zelfverzekerd. Om uw boodschap effectief over te brengen, moet u in een redelijk tempo en met de juiste stembuiging spreken.
- *Trek geschikte kleding aan.*Kleed u passend voor de gelegenheid en houd uw kleding schoon en in goede staat. Dit zal helpen bij het creëren van een professioneel en gepolijst imago.
- *Wees je bewust van je lichaamstaal in verschillende situaties.*Afhankelijk van de situatie kan de lichaamstaal veranderen. In een sollicitatiegesprek moet je bijvoorbeeld formele en professionele lichaamstaal gebruiken, maar in een meer informele context kun je meer ontspannen en informeel zijn.

Hoofdstuk 6
Lichaamstaal in specifieke contexten

Lichaamstaal is geen one-size-fits-all idee; het varieert afhankelijk van de context of situatie. Verschillende lichaamstaalsignalen kunnen in verschillende situaties meer of minder geschikt of effectief zijn. Hier zijn enkele voorbeelden van hoe lichaamstaal in verschillende situaties kan worden gebruikt:

- *Sollicitatiegesprek* -Het is van cruciaal belang om tijdens een sollicitatiegesprek vertrouwen, professionaliteit en nieuwsgierigheid uit te drukken. Houd oogcontact, gebruik open gebaren en communiceer duidelijk en krachtig. Vermijd friemelen en slungelig zijn, wat kan duiden op een gebrek aan interesse of professionaliteit.
- *Zakelijke vergaderingen*- Het is van cruciaal belang om tijdens een zakelijke bijeenkomst autoriteit en assertiviteit over te brengen.

Maak oogcontact, gebruik open gebaren en spreek duidelijk en krachtig. Slungelig en je armen over elkaar slaan kan wijzen op een gebrek aan vertrouwen of autoriteit.

- *Sociale ontmoetingen-* Het is cruciaal om warmte en vriendelijkheid over te brengen in sociale interacties. Maak oogcontact, glimlach, maak open bewegingen en gebruik de juiste aanraking. Je armen over elkaar slaan of oogcontact vermijden zijn beide tekenen van onvriendelijkheid of ongemak.
- *Spreken in het openbaar-* Het is van cruciaal belang om vertrouwen en autoriteit te tonen wanneer u in het openbaar spreekt. Houd oogcontact met het publiek, maak open bewegingen en spreek duidelijk en overtuigend. Vermijd friemelen en vermijd oogcontact, omdat dit kan duiden op een gebrek aan vertrouwen of autoriteit.
- *Onderhandelingen-* Het is van cruciaal belang om tijdens onderhandelingen assertiviteit en vertrouwen uit te stralen. Houd oogcontact,

gebruik open gebaren en communiceer duidelijk en krachtig. Het over elkaar slaan van uw armen of het vermijden van oogcontact kan wijzen op een gebrek aan vertrouwen of agressiviteit.

Lichaamstaal in professionele situaties (zakelijke bijeenkomsten, presentaties, enz.)

Lichaamstaal is een krachtig hulpmiddel dat een aanzienlijke invloed kan hebben op hoe anderen ons in een professionele omgeving zien. Het kan onze emoties, doelen en mate van vertrouwen overbrengen, en helpen bij de ontwikkeling van vertrouwen en geloofwaardigheid. Hier volgen enkele voorbeelden van het gebruik van lichaamstaal in bepaalde professionele situaties:

- *Sollicitatiegesprek-* Het is van cruciaal belang om tijdens een sollicitatiegesprek vertrouwen, professionaliteit en nieuwsgierigheid uit te drukken. Maak oogcontact, gebruik open gebaren zoals een stevige handdruk en spreek duidelijk en krachtig. Vermijd friemelen en slungelig zijn, wat kan duiden op een gebrek aan interesse of professionaliteit.

- *Zakelijke vergaderingen*- Het is van cruciaal belang om tijdens een zakelijke bijeenkomst autoriteit en assertiviteit over te brengen. Ga rechtop zitten, maak oogcontact, gebruik open gebaren, zoals wijzen of gebaren naar de persoon met wie u praat, en praat duidelijk en vastberaden. Slungelig en je armen over elkaar slaan kan duiden op een gebrek aan vertrouwen of autoriteit.

- *Netwerkevenementen*- Het is van cruciaal belang om warmte en vriendelijkheid over te brengen tijdens het bijwonen van een netwerkevenement. Glimlachen, oogcontact, open gebaren en passende aanrakingen, zoals een stevige handdruk, zijn allemaal belangrijk. Je armen over elkaar slaan of oogcontact vermijden zijn beide tekenen van onvriendelijkheid of ongemak.

- *Spreken in het openbaar-* Het is van cruciaal belang om vertrouwen en autoriteit te tonen wanneer u in het openbaar spreekt. Rechtop staan, oogcontact maken met het publiek, open gebaren maken zoals wijzen of zwaaien naar het publiek, en duidelijk en zelfverzekerd spreken zijn allemaal goede manieren om te beginnen. Vermijd friemelen en vermijd oogcontact, omdat dit kan duiden op een gebrek aan vertrouwen of autoriteit.
- *Onderhandelingen-* Het is van cruciaal belang om tijdens onderhandelingen assertiviteit en vertrouwen uit te stralen. Houd oogcontact, gebruik open gebaren en communiceer duidelijk en krachtig. Het over elkaar slaan van uw armen of het vermijden van oogcontact kan wijzen op een gebrek aan vertrouwen of agressiviteit.
- *Verkoopbijeenkomsten-* Het is van cruciaal belang om vertrouwen en overtuigingskracht uit te stralen tijdens verkoopbijeenkomsten. Maak oogcontact, gebruik open gebaren zoals

wijzen of gebaren naar de goederen, en spreek duidelijk en overtuigend. Het over elkaar slaan van uw armen of het vermijden van oogcontact kan een gebrek aan vertrouwen of overtuigingskracht overbrengen.

- *Rechtszaal-* Het is van cruciaal belang om vertrouwen en respect over te brengen in een rechtszaal. Houd oogcontact, gebruik open gebaren en communiceer duidelijk en krachtig. Het over elkaar slaan van uw armen of het vermijden van oogcontact kan een gebrek aan vertrouwen of respect overbrengen.
- *Medische consultaties-* Het is van cruciaal belang om empathie en bezorgdheid te uiten tijdens een medisch consult. Maak oogcontact, gebruik open gebaren en spreek duidelijk en krachtig. Het over elkaar slaan van uw armen of het vermijden van oogcontact kan een gebrek aan empathie of bezorgdheid uiten.

- *Virtuele vergaderingen-* Het is van cruciaal belang om aandacht en participatie te tonen tijdens virtuele vergaderingen. Houd oogcontact met de camera, maak open bewegingen en spreek duidelijk en zelfverzekerd. Vermijd friemelen en slungelig zijn, wat kan duiden op een gebrek aan interesse of betrokkenheid.

Lichaamstaal in interpersoonlijke relaties

Het leren van aanwijzingen in lichaamstaal verlaagt zeker hindernissen.

Als u leert aandacht te besteden aan de details in de boodschap van uw gesprekspartner, kunt u succesvoller communiceren.

De lichaamstaal van de personen met wie u communiceert, is van cruciaal belang om u de feedback te geven die u nodig heeft om uw communicatie te verbeteren.

Volg de interactie tussen lichaamstaal en interpersoonlijke relatiepsychologie in de volgende regels.

We zijn sociale wezens, wat betekent dat we in geen enkel aspect van ons leven succesvol kunnen zijn als we niet slagen in interpersoonlijke communicatie. Het is geen verrassing dat er talloze onderzoeken zijn die non-verbaal gedrag koppelen aan overreding, overreding, enzovoort.

Observeer

Interacties en interpersoonlijke verbindingen volgen allemaal een patroon.

Een succesvol persoon in interacties met anderen is iemand die aandacht besteedt aan elk detail.

Denk aan iemand die u kent, iemand uit uw dagelijks leven - het kan een liefdesrelatie zijn, een gezinsomgeving, een baan, een studie of een school...

Stel je voor dat deze persoon aan het praten is en verschillende emoties vertoont in verschillende omstandigheden en met andere mensen, en begin deze persoon dan van dichterbij te observeren om te laten zien hoe attent je was.

Bekijk de patronen

De vraag die ik je hier stel is: ben jij een goede waarnemer? kon je een patroon uit het bovenstaande voorbeeld extraheren?

Gedragspatronen geven zeer belangrijke aanwijzingen voor de gemoedstoestand van de mensen met wie we communiceren, en ze zouden richting moeten geven aan de manier waarop we onze communicatie gebruiken.

Als u bijvoorbeeld merkt dat de persoon met wie u probeert te communiceren niet het meest ontvankelijke spraakpatroon lijkt te hebben, is het misschien geen goed moment om te praten.

Leren wanneer je moet spreken en wanneer je moet zwijgen in het bijzijn van iemand is een zeer belangrijke sociale vaardigheid die veel mensen verwaarlozen en uiteindelijk geweldige kansen mislopen. Word dus een goede waarnemer.

Nieuwe mensen ontmoeten

Het is duidelijk dat als je op het punt staat iemand te ontmoeten, je zijn of haar gedragspatroon niet kent, maar sommige non-verbale communicatiesignalen – die verschillen in intensiteit in bewegingen en uitdrukkingen aantonen – lijken op de meeste mensen van toepassing te zijn.

Besteed aandacht aan proxemics

Proxemics bestudeert de relatie tussen de nabijheid van mensen tot objecten of tussen mensen en mensen.

Dit studiegebied verdeelt ruimtes tussen mensen in proximale zones en – rekening houdend met de culturele context – geven afstanden ons enkele aanwijzingen over mensen.

Als we ons meer op ons gemak voelen bij mensen, hebben we de neiging om ze te benaderen, maar let op de nabijheid van mensen die je net hebt ontmoet. Sommige mensen hebben een meer gereserveerde persoonlijkheid en zullen zich bedreigd voelen door je nabijheid.

Wat zegt je lichaam?

Heeft u ooit uw gedrag in de interpersoonlijke omgeving geëvalueerd?

Welke conclusies trekt u uit uw houding op de meest uiteenlopende momenten van uw leven?

Wat is uw relatie met mensen in het algemeen?

En in specifieke omgevingen?

Wat is er positief en negatief aan jouw acties?

In welke omgeving voelt u zich veiliger om mee om te gaan en in welke omgeving voelt u zich meer verlegen?

Onthoud: als je in verschillende contexten (familie, vrienden, liefdesrelaties...) met elkaar omgaat, ben je dan bereid te luisteren naar wat de ander zegt?

wat brengt uw houding over op de gesprekspartner? Komen uw gebaren overeen met uw houding?

...en wat zeggen hun gebaren?

Hierover nadenken wordt een zeer belangrijke taak, omdat u pas vanaf het moment dat u uw sterke en zwakke punten in de interpersoonlijke omgeving beseft, bewust kunt veranderen en effectiever en overtuigender kunt communiceren.

Weet dat het transformeren van uw communicatie niet zo eenvoudig is als het lijkt.

De moeilijkheid is groter, niet omdat de theorie moeilijk is, maar omdat het kennen van de theorie zonder de kennis te introjecteren je lichamelijke communicatie erg robotachtig en achterdochtig maakt.

Het begrijpen van de hele theorie is van fundamenteel belang, maar het is ook belangrijk om te weten hoe je jezelf en de omgeving efficiënt kunt lezen.

Non-verbale communicatie is verantwoordelijk voor meer dan 70% van onze interpersoonlijke communicatie, zoals we allemaal weten.

Dat wil zeggen dat het verbeteren van uw lichamelijke communicatie een geweldige manier is om uw sociale vaardigheden te verbeteren.

Om te beginnen is het van cruciaal belang om jezelf en anderen te observeren, gedragspatronen eruit te halen en deze op de juiste manier te interpreteren.

Lichaamstaal in situaties van stress en conflict

Lichaamstaal is uiterst belangrijk in stressvolle en conflictsituaties. Het kan onze emoties, doelen en mate van vertrouwen overbrengen, en het kan het probleem helpen of verergeren. Het begrijpen en efficiënt gebruiken van lichaamstaal in stressvolle en conflictomstandigheden kan de communicatie en het oplossen van conflicten helpen verbeteren.

- Zorg voor een rustige lichaamshouding - Het behouden van een rustige lichaamshouding is van cruciaal belang in stressvolle en conflictsituaties. Zorg voor een rechte houding, vermijd het over elkaar slaan van uw armen of friemelen, en behoud een neutrale gezichtsuitdrukking. Dit kan helpen om een gevoel van kalmte en controle te creëren, wat kan helpen bij de-escalatie.

- Open gebaren, zoals open armen en een open handpalm, drukken warmte en openheid uit. Vermijd gesloten bewegingen die defensiviteit of agressie impliceren, zoals het over elkaar slaan van uw armen of het wijzen met de vingers.

- Oogcontact onderhouden - Oogcontact onderhouden is van cruciaal belang in stressvolle en confronterende situaties. Het laat zien dat je betrokken, attent en bereid bent om naar de ander te luisteren. Het vermijden van oogcontact kan de indruk wekken dat u ongeïnteresseerd of onbetrouwbaar bent.

- Spreek zachtjes - Spreek op een afgemeten en rustige toon, waarbij u uw stem niet verheft of te snel spreekt. Dit kan helpen bij de-escalatie en het overbrengen van een gevoel van controle.

- Actief luisteren - Actief luisteren is essentieel in stressvolle en controversiële situaties. Luister naar wat de ander zegt en probeer zijn standpunt te begrijpen. Vermijd onderbrekingen en defensief worden.
- Vermijd het tonen van vijandige lichaamstaal, zoals wijzen met de vingers, te dichtbij staan of de persoonlijke ruimte binnendringen. Dit kan de situatie verergeren en het conflict laten escaleren.
- Empathie - Empathie wordt gebruikt om de gevoelens en standpunten van de ander te begrijpen. Dit kan helpen bij de-escalatie en het oplossen van de crisis.
- Neem een pauze - Als het te warm wordt, neem dan een pauze. Hierdoor kunt u kalmeren en nadenken over hoe u op een kalme en gecontroleerde manier kunt reageren.

hoofdstuk 7
Kenmerken van een introvert persoon

Iedereen is van nature extravert of introvert, hoewel we tijdens ons leven de neiging hebben om meer van de een dan de ander te omarmen. Er zijn mensen die veel van beide hebben, wat betekent dat ze bij sommige mensen introvert of extravert kunnen zijn en bij anderen precies het tegenovergestelde. Een persoon die over het algemeen introvert is ten opzichte van mensen die hij onlangs heeft ontmoet en geen zelfvertrouwen heeft, kan bijvoorbeeld een volledig gezellig persoon zijn met zijn meest persoonlijke vriendengroep. Ongeacht of de persoon in de meeste situaties de voorkeur geeft aan introversie of extraversie.

We weten veel over extraverte mensen, omdat zij het meest zichtbaar zijn in de samenleving, en hun aanwezigheid wordt bijna altijd gewaardeerd als iets ongelooflijk positiefs, waarbij introverte mensen vaak worden verwaarloosd als dat niet zo hoeft te zijn. Maar wie zijn introverte mensen precies?

Als we het hebben over introversie, bedoelen we een persoonlijkheidskenmerk of -kwaliteit waarbij mensen die dit verwerven de neiging hebben zich aanzienlijk meer op hun interne wereld te concentreren dan op de externe wereld.

Dat wil zeggen dat introverte mensen zelfreflecterende mensen zijn die graag regelmatig contact met zichzelf maken, elkaar beter leren kennen, zich meer op hun eigen houding, gevoelens en gedachten concentreren dan die van anderen, en elkaar daardoor beter leren kennen. Zich. Introversie is niet synoniem met overmatige verlegenheid of sociale fobie, omdat introverte mensen het liefst alleen zijn met zichzelf, tevreden zijn met een kleine vriendenkring en er geen moeite mee hebben om contact te maken met anderen. Wanneer zij vinden dat het nodig is.

Integendeel, wanneer iemand lijdt aan acute verlegenheid of sociale fobie, is zijn verlangen om met anderen om te gaan net zo sterk als zijn angst en zorgen daarover, waardoor hij niet vredig en in vrede met zichzelf kan zijn. Introverte mensen houden van eenzaamheid en gaan met minder mensen om, terwijl mensen met een sociale fobie het gevoel hebben dat ze zich niet op de manier waarop ze willen met anderen kunnen omgaan.

Voordelen van het profiel van een introverte persoon

In tegenstelling tot wat de meeste mensen misschien denken, hebben introverte mensen een aantal voordelen, alleen maar omdat ze dat zijn.

Introvert en extravert: wat is beter?

Het is belangrijk om hierover na te denken, omdat de samenleving in het algemeen de neiging heeft alleen extraverte mensen te prijzen en te erkennen, en zij zich niet realiseren dat introverte mensen ook een enorm potentieel hebben waarvan we moeten weten hoe we er voordeel uit kunnen halen. Daarom zullen we hieronder vermelden wat de belangrijkste voordelen en kenmerken zijn van een introverte persoon:

- Ze kennen zichzelf heel goed, het zijn mensen die over het algemeen weten wat ze willen en waar ze hun leven naartoe willen leiden.
- Ze weten goed naar andere mensen te luisteren, wat voor veel extraverte mensen meestal niet goed is, omdat ze het liefst altijd het woord hebben.
- Ze worden als zeer betrouwbare mensen beschouwd, dus het zijn uitstekende vertrouwelingen en vrienden. Dit is een groot voordeel, omdat ze niet veel hoeven te doen om iemand anders snel te laten vertrouwen.
- Het zijn meestal zeer creatieve en innovatieve mensen, omdat ze voortdurend ondergedompeld zijn in een wereld van ideeën waaraan geen einde lijkt te komen.
- Ze zijn over het algemeen onafhankelijker omdat ze liever werken en hun problemen

oplossen zonder al te veel hulp van andere mensen te zoeken.

- Ze vertonen een groot emotioneel evenwicht omdat ze zichzelf heel goed kennen en weten hoe ze met hun emoties moeten omgaan.

- Ze kunnen uitstekende leiders worden, omdat ze, door zichzelf goed te begrijpen en te kennen, hetzelfde met anderen kunnen doen en hen kunnen helpen het beste uit hen te halen. Hierdoor wordt een hoge mate van empathie gegenereerd en voelen medewerkers zich gewaardeerd en gehoord.

Het belang van het leren beheersen van uw gedrag in de hersenen en geest

Vanwege recente belangrijke ontdekkingen in de neurowetenschappen is er meer relevante kennis over de menselijke geest en hersenen verspreid dan ooit tevoren in de geschiedenis. Je begrijpt nu beter hoe ze werken en je kunt het geleerde toepassen om een hogere mate van geluk te bereiken.

Dit unieke moment in de geschiedenis van de mensheid onthult voor het eerst dat de uitvinding van psycholoog en romanschrijfster Celia Antonini aan het licht kwam. Infoflies, hersengeheimen en 'legt uit waarom we handelen' zijn allemaal nuttig. "De hersenen reguleren elk element van ons leven, en vandaag de dag kunnen we de sterke en zwakke punten van de geest en de hersenen duidelijker zien", legde de expert uit. Het kennen van de tekortkomingen en voordelen van de geest en de hersenen is volgens haar van cruciaal belang om ze ten behoeve van ons te kunnen benutten.

"Dit vermogen tot introspectie stelt ons in staat gedachten, gevoelens en mentale patronen op te merken die ons hinderen of ons ervan weerhouden onze doelen te bereiken", legt Antonini uit. Het was. "Niet alleen kan de geest zichzelf zien, maar hij kan zich ook aanpassen, gedachten corrigeren, emoties verminderen of annuleren, en gedrag corrigeren. Je bent de controle kwijt."

Vanwege de flexibiliteit van de zenuwen manipuleren de hersenen in deze omstandigheden het hart. "We begrijpen nu dat gedachten de anatomie van de hersenen veranderen. Op deze manier kunnen we de aanpassingen die we door de tijd heen maken behouden."

Er zijn echter twee grote nadelen. Eerst en vooral is het hart vrij om te doen wat het wil. "Vergeleken met het gedrag van het kind in de klas als er geen leraar is, kan hij heen en weer dwalen wanneer hij wil. Hij zal uit de hand lopen als de directeur niet aanwezig is", aldus Antonini. "Haar receptpartner, het brein, heeft weer een enorme blunder gemaakt. Ze is een slapper. Als je iets installeert, zal het niets veranderen. "Dit houdt in dat twee enorme tekortkomingen en twee grote deugden worden samengevoegd die worden gepresenteerd en gecontroleerd door de beslissing van elk individu: determinisme , en zal dat ook doen.' Als we ervoor kiezen het commando over te nemen en slimmer te zijn dan onze geest, kan het onze gevaarlijkste interne vijand worden,' zei de Specialist.

De menselijke geest begrijpen door gebruik te maken van neurofysiologie en gedragspsychologie

De cognitieve processen die kunnen worden verklaard door berekeningen op hoog niveau of computationele berekeningen, of de neurofysiologische principes die de neuronale functie controleren, zijn twee van de moeilijkste aspecten van het begrijpen van de menselijke cognitie. Beide analyseniveaus werden echter altijd afzonderlijk in aanmerking genomen. Eén onderzoek toont de voordelen aan van het benaderen van cognitieve verschijnselen vanuit twee perspectieven: theoretisch en empirisch.

Door het modelleren van verbonden hersennetwerken heeft uitgebreid onderzoek een relatie aangetoond tussen neurofysiologie en psychologische functies op hoog niveau (besluitvorming, geheugen, perceptie).

Dit werk, dat zojuist is gepubliceerd in Psychological Review, richt zich op de hersendynamiek van het menselijk gezichtsvermogen en ontwikkelt neurale modellen op verschillende analyseniveaus die relevant zijn voor het onderwerp. Eerder onderzoek heeft aangetoond dat het sSoTS-model (spike selectie over tijd en ruimte) het meest geschikt is voor menselijke visuele modellering.

Met behulp van dit model onderzochten onderzoekers eenvoudig neuronaal elektrofysiologisch gedrag, visuele cognitie als geheel, visuele beperking als gevolg van corticaal neuronverlies, beeldvorming van de hersenen en de psychologie van individueel gedrag gerelateerd aan visie.

Volgens onderzoek kunnen bijectierelaties worden vastgesteld door de combinatie van theoretische modellen en feitelijk onderzoek. Dit is een interactief proces dat een nieuwe voorspelling oplevert die empirisch kan worden geëvalueerd bij het modelleren van dynamische neurale processen met behulp van biologische gegevens. Als gevolg hiervan worden de beperkingen van eerdere benaderingen overwonnen en wordt de denkbare mate van beschrijving van cognitieve processen op hoog niveau, zoals verschijnselen die voortkomen uit menselijke visuele aandacht, verenigd.

Hoe weet je dat iemand een verborgen agenda heeft?

Sommige mensen leren dat het nuttig is om de ware motieven om hun doelen te bereiken te verbergen. In plaats van rechtstreeks te vragen wat ze willen, bedenken ze oppervlakkige redenen voor hun eisen of rechtvaardigen ze hun daden. Deze individuen manipuleren anderen en verbergen de ware agenda. Ze zeggen niet wat de echte reden achter hun daden is. Dit gebeurt op het werk, bij vrienden en familie. Leer herkennen dat iemand een verborgen agenda heeft om te voorkomen dat je gebruikt wordt.

Leer lichaamstaal lezen. Het is gemakkelijk voor mensen met controle om hun gedachten te beheersen zonder hardop te spreken, maar het is niet gemakkelijk om hun ware gevoelens te verbergen met gebaren en uitdrukkingen. Kijk naar de tegenstrijdigheid tussen de woorden en de blik van hun ogen. Een collega kan bijvoorbeeld voorstellen dat u een specifiek programmaonderwerp voorstelt voor een personeelsvergadering. Ze vertelt hem dat het geen controversiële kwestie zal zijn, maar kan suggereren dat zijn gezicht dat niet is. Als het knippert of trilt terwijl je praat, denk je misschien dat ze iets verbergt.

Kijk zorgvuldig om patronen in het gedrag van mensen te ontdekken. Als je vermoedt dat iemand een verborgen agenda heeft, let dan vooral op wat hij of zij wil dat je doet. Let elke keer dat u doet wat u vraagt op de resultaten. Als u bijvoorbeeld veel suggesties heeft die nuttig lijken, maar u nog steeds problemen ondervindt, is het verstandig om te vermoeden dat u wist dat dit zou gebeuren.

Elke keer dat iemand een actie voorstelt, voorspelt het alle mogelijke uitkomsten. Vraag uzelf af: "Wie heeft er werkelijk baat bij?" Mensen met verborgen agenda's leerden in de loop van de tijd te doen alsof ze niet op zoek waren naar hun interesses. Ze geven een legitieme reden voor uw verzoek waar u en anderen baat bij lijken te hebben. Kijk naar elke hoek van de situatie om te bepalen wie er echt van zal profiteren.

Ik betwijfel of iets te mooi lijkt om waar te zijn. Als iemand een aanbod doet dat jou in gevaar lijkt te brengen terwijl het jou bevoordeelt, kijk dan beter naar wat er misgaat. Als je te maken hebt met mensen die niet direct over de werkelijke bedoeling nadenken, is het niet de moeite waard om al te zelfverzekerd te zijn.

Stel veel vragen als je vermoedt dat iemand een verborgen agenda heeft. Uw vragen zorgen ervoor dat u zich ongemakkelijk en defensief voelt, zelfs als ze uw vragen niet naar waarheid beantwoorden. Dit is waarschijnlijk duidelijk zichtbaar in uw lichaamstaal. Lang voordat je je vraag beantwoordt, suggereert je lichaamstaal dat je iets te verbergen hebt.

Hoofdstuk 8
Verbeter uw lichaamstaal voor effectieve communicatie

We hebben het over de vaardigheden die ze hebben verworven om iedereen met wie ze spreken te beïnvloeden, met behulp van hun lichaamstaal. Gelukkig is dit communicatiegeschenk niet alleen voor hen! Wij zijn hier om u alle manieren te geven om te verbeteren wat uw lichaam zegt en hoe.

Bewustzijn is de sleutel tot verandering

Om gebruik te kunnen maken van de handvatten die wij je gaan geven, moet je je eerst bewust worden van je eigen lichaamstaal. Hoe doe ik dat, vraag je? Nou ja, oefening is het allerbelangrijkste.

De volgende keer dat u een gesprek voert met een vriend, probeert u deze vijf stappen:

- Observeer de positie/houding van uw lichaam
- Observeer de lichaamstaal van je vriend(in).

- Verander een klein aspect (of meer) van je eigen lichaamstaal
 (Bijvoorbeeld: kruis je benen als ze nog niet gekruist waren, verander de positie van je armen, neem een andere gezichtsuitdrukking aan, etc.)
- Observeer de lichaamstaal van je vriend(in) opnieuw
- Kijk of er een verschil is. Als dat niet het geval is, probeer dan een ander aspect van je lichaamstaal te veranderen en observeer het effect.

Door dit in meerdere situaties te oefenen, creëer je meer bewustzijn over wat je eigen natuurlijke lichaamstaal is in verschillende situaties. Ook leer je het effect van jouw houding en houding op anderen beter begrijpen.

Is het normaal dat u met uw armen gesloten zit, oogcontact vermijdt of uw lichaam 'wegbuigt' van de persoon met wie u praat? Dit kan een ongeïnteresseerde uitstraling wekken – ook al was dat niet je bedoeling.

Wat zijn de voordelen van al dat lichaamstaalbewustzijn?

De juiste lichaamstaal kan u helpen:

- Effectiever communiceren
- Het is beter om verbinding te maken met anderen
- Verbeter uw communicatie en relaties
- Een schijn van zelfvertrouwen, interesse en assertiviteit hebben
- Creëer een veilige en open sociale omgeving

Zou het niet fijn zijn om controle over deze dingen te ervaren? We hebben vier methoden beschikbaar om u te helpen deze doelen te bereiken!

Let op je houding

Glimlach, (Glim)lach is altijd een goede manier om je interesse te tonen in wat iemand zegt. Als je met iemand praat en je gezicht staat op onweer, dan zal die persoon zich waarschijnlijk niet op zijn gemak voelen. Zorg ervoor dat je alleen glimlacht als je het voelt en zin hebt om te glimlachen, zodat het natuurlijk is en overkomt. Als er iets is dat mensen snel beseffen, is het een neplach!

Heb een open houding en leun naar voren

Doe het: leun naar iemand toe, maar met mate. Leg uw handen losjes op uw benen, rust op de rugleuning van de stoel waar u zit of de tafel waar u zit.

Niet doen: je armen sluiten – dit komt vaak boos of ongeïnteresseerd over.

Wees niet bang om je handen te gebruiken terwijl je praat

Het maken van handgebaren om te benadrukken/ondersteunen wat u zegt, zal de boodschap krachtiger maken en de aandacht van de luisteraar opeisen.

Bevestigende bewegingen (of geluiden)

In een gesprek kun je knikken en/of 'hm-hmm'-geluiden maken (als je het ergens mee eens bent of iets begrijpt). Hierdoor laat u de ander zien waar u naar luistert en motiveert u hem/haar om door te praten.

Werk aan je oogcontact

Oogcontact is een van de belangrijkste trucs tijdens een gesprek. Als je naar de persoon kijkt met wie je praat, zie je er geïnteresseerd uit en krijgt de ander de indruk dat je goed kunt luisteren.

Wat kun je doen op het gebied van oogcontact?

- Af en toe knipperend; naar iemand staren zonder te knipperen kan griezelig overkomen. Maar als je te veel knippert, kan het lijken alsof je een nieuwe vorm van hypnose probeert – ook dat kunnen wij je niet aanraden!
- Houd je ogen op de ander gericht, maar kijk ook af en toe weg. Het beste is om gewoon naar het gezicht van de ander te kijken.

- Als je nadenkt over een antwoord of iets dat je wilt zeggen, kijk dan op dat moment weg. Weet je wat je wilt zeggen? Kijk dan nog eens naar je gesprekspartner. Zo kom je zelfverzekerd over en grijp je de aandacht van de ander.

Spiegel de ander

Je beseft het misschien nog niet, maar vaak als mensen in sociale relaties dichtbij zijn, spiegelen ze onbewust elkaars lichaamstaal (kopie). Dit onbewuste spiegelen is de manier van je lichaam om non-verbaal te laten zien dat je het met iemand eens bent, of dat iemand dat misschien wel is. Dat mensen dit doen kun je natuurlijk in je voordeel gebruiken, door er bewust – en subtiel – gebruik van te maken!

Doe het: kleine delen van de lichaamstaal van de ander kopiëren. Bijvoorbeeld:

- Als je dat doet, kruis dan je benen
- Leun naar voren zoals zij doen
- Neem dezelfde gezichtsuitdrukking

- Maak hetzelfde handgebaar als zij
- Als ze een beetje naar links leunen, leun dan later naar links

Niet doen:

- Kopieer elk klein detail dat de ander doet in zijn/haar lichaamstaal
- Zodra iemand een zet doet, spiegelt hij of zij; door iemand onmiddellijk te kopiëren, maak je het heel, heel ongemakkelijk. Je bent gewaarschuwd!

Door subtiel te kopiëren geef je de ander een gevoel van gelijkheid en acceptatie. Na het subtiel spiegelen van iemands lichaamstaal voelt de ander zich begrepen en ontspannen!

Veel voorkomende lichaamstaalfouten die u moet vermijden

We gebruiken lichaamstaal om te communiceren met de mensen om ons heen.

Lichaamstaal kan ons vertellen of we gelukkig, ongelukkig, woedend, beledigd, dom, flirterig en meer zijn. Lichaamstaal kan ook verkeerd worden geïnterpreteerd. Wanneer u nieuwe mensen ontmoet, is het van cruciaal belang om met uw lichaamstaal de juiste signalen af te geven.

Dit vereist een grondig begrip van uw lichaamstaal. Laten we eens kijken naar enkele veel voorkomende fouten in de lichaamstaal.

Het verkeerd interpreteren van lichaamstaal is een veel voorkomende fout die bijna iedereen wel eens begaat.

Neem bijvoorbeeld de jongeman die tegen de muur van de supermarkt leunt, met zijn been gebogen bij de knie en zijn voet plat tegen de grond. Hij draagt een dikke, uitzettende jas en lijkt niet op zijn plaats, alsof hij er niet is.

Terwijl je aan het rijden bent, interpreteer zijn lichaamstaal om te suggereren dat hij een gangster is, dakloos, en gewoon rondhangt. Maar je denkt niet dat hij zit te wachten op een rit naar zijn werk.

Ik heb alleen de lichaamstaal en acties van deze jongeman verkeerd geïnterpreteerd. Laten we eens kijken naar uw lichaamstaal en hoe anderen u verkeerd kunnen interpreteren.

Zoals we allemaal weten, zijn de ogen de vensters naar de ziel, en het vermijden van oogcontact tijdens het luisteren of praten geeft de verkeerde indruk over jou. Veel mensen interpreteren een gebrek aan oogcontact als desinteresse, en zelfs als u geïnteresseerd bent in de ander, als u geen oogcontact maakt, kan de spreker u verkeerd interpreteren en de vergadering en het gesprek beëindigen.

Een andere fout is om je armen over elkaar te slaan of iets voor je te plaatsen, zoals een boek, stoel of ander voorwerp.

Door je armen over elkaar te slaan of iets voor je neer te leggen, laat je voor sommige mensen weten dat je ongenaakbaar bent, omdat je een barrière voor je hebt geplaatst.

Sommige mensen slaan hun armen over elkaar en praten met elkaar zonder het zelfs maar te merken. We hebben de zelfverzekerde man dit allemaal zien doen terwijl hij naar ons luisterde of met anderen sprak.

Zijn toespraak en houding lijken gastvrij, maar zijn armen zijn over elkaar geslagen. Wat hebben ze te zeggen?

Stilte en onvolwassenheid zijn ook vormen van lichaamstaal, maar ze hebben hun tijd en plaats. Plezier hebben en rondhangen met goede, gevestigde parkvrienden kan een prettige tijd en plek zijn om alles rond te hangen.

Als je echter op een sociaal evenement bent en nieuwe mensen probeert te ontmoeten, is dit niet het moment of de plaats voor dergelijke non-verbale communicatie.

Bij het ontmoeten van nieuwe mensen kan het nuttig zijn om je humoristische kant te laten zien, maar het is onwaarschijnlijk dat dwaas overkomen nieuwe mensen zal aantrekken. Het kan zijn dat u wenkbrauwen optrekt bij mensen om u heen.

Positief denken en lichaamstaal

Lichaamstaal is iets waar we zelden over praten, maar het vertelt ons vaak meer dan onze woorden ooit zouden kunnen. Daarom is het van cruciaal belang om aandacht te besteden aan de taal van uw lichaam en u bewust te zijn van wat deze u vertelt.

Lichaamstaal verwijst naar bewegingen, grepen en gezichtsuitdrukkingen zoals oogbewegingen. Dit komt soms overeen met ons gedrag, dat vaak in tegenspraak is met onze uitingen.

Mensen zullen ongetwijfeld aannemen hoe het lichaam reageert als ons lichaam en onze woorden niet bij elkaar passen, omdat het altijd een onbewust iets is dat de realiteit verraadt.

Je zult voortdurend constructieve lichaamstaal gebruiken als je constructief denken in je leven wilt integreren. Als je echt toegewijd bent aan positief denken, zal je lichaam volgen. Als u echter niet positief gelooft, kunnen uw lichaamsbewegingen dit aan het licht brengen.

Het is van cruciaal belang om te begrijpen hoe uw lichaam reageert wanneer u positief denken in uw leven probeert te integreren. Misschien wilt u meer leren over het lichaam en hoe het informatie openbaart, zodat u op de juiste manier kunt reageren en uw positieve denkwijze en houding niet kunt laten belemmeren.

Negatieve lichaamstaalgewoonten moeten VERMIJDEN

- Voorwerpen voor je lichaam houden: een kopje koffie, een notitieboekje, een handtas, etc. Voorwerpen voor je lichaam houden duidt op verlegenheid en weerstand. Je verschuilt je achter voorwerpen in een poging jezelf van anderen af te scheiden. Het is beter om ze waar mogelijk bij u te betrekken.

- Strijk over je kin terwijl je naar iemand kijkt. "Ik evalueer je!" - Mensen wrijven vaak over hun kin tijdens het besluitvormingsproces. Als je naar iemand kijkt terwijl hij je kin streelt, kan hij of zij ervan uitgaan dat je een cruciale beslissing over hem/haar neemt.
- Controleer het weer of inspecteer je nagels. Een sterk teken van verveling. Kijk nooit naar het moment waarop je met iemand praat. Vermijd ook volledig het inspecteren van uw nagels.
- Haal de pluisjes van je kleding. Als u tijdens een gesprek de pluisjes uit uw kleding verwijdert, vooral als u naar beneden kijkt, zullen de meeste mensen ervan uitgaan dat u hun ideeën afkeurt en/of zich ongemakkelijk voelt bij het geven van een eerlijke mening. Laat de pluisjes achter!
- Het verkleinen van de ogen. Als je iemand de indruk wilt geven dat je hem (of zijn ideeën)

niet leuk vindt, sla dan je ogen neer terwijl je naar hem of haar kijkt. Je zet meteen een fronsende uitdrukking op je gezicht. Een lichte vernauwing van de ogen is een instinctieve en universele uiting van woede bij verschillende soorten in het dierenrijk (denk aan boze uitingen van tijgers, honden, enz.). Sommige mensen maken de fout door tijdens een gesprek te turen als weerspiegeling van hun gedachten. Stuur mensen geen verkeerde boodschap... sluit je ogen niet.

- Te dichtbij staan. Dit zorgt er alleen maar voor dat mensen zich ongemakkelijk voelen. De meeste mensen beschouwen de vier vierkante meter ruimte rondom hun lichaam als persoonlijke ruimte. Overschrijd die onzichtbare grens alleen met goede vrienden en intieme partners.

- Rustende handen achter het hoofd of op de heupen. Ze worden geïnterpreteerd als een teken van superioriteit of roes. Gebruik deze gebaren alleen als u in de aanwezigheid van goede vrienden bent.

- Kijk naar beneden terwijl u in de aanwezigheid van anderen bent. Geeft doorgaans desinteresse aan. Soms wordt het zelfs geïnterpreteerd als een terloops teken van arrogantie. Kijk altijd vooruit en maak oogcontact als je iemand ziet die je kent.
- Je gezicht aanraken tijdens een gesprek. Gezichtsstreling, vooral op de neus, wordt vaak geïnterpreteerd als een indicatie van bedrog. Bovendien is het bedekken van je mond een veel voorkomend gebaar dat mensen maken als ze liegen. Houd uw handen altijd uit de buurt van uw gezicht als u praat.
- Fake een glimlach. Nog een teken van bedrog dat vaak wordt gezien bij fraude. Een oprechte glimlach rimpelt de ooghoeken en verandert de uitdrukking op het hele gezicht. Bij valse glimlachen zijn alleen de mond en lippen betrokken. Het is gemakkelijk om onderscheid te maken tussen de twee. Dwing

jezelf niet om te glimlachen... tenzij het voor de camera is.

- Ga weg van iemand die je leuk vindt. Een teken van verveling en desinteresse. Sommige mensen interpreteren het misschien ook als: "Ik vind je niet leuk." Mensen hebben de neiging zich te richten op mensen die ze leuk vinden en zich af te wenden van mensen die ze niet mogen. Dit geldt vooral als ze rond een tafel zitten. Als je wegloopt bij iemand die je leuk vindt, stuur je hem/haar de verkeerde boodschap.

- Kijk niet rechtstreeks naar de persoon met wie u praat. Dit duidt op een bepaald niveau van ongemak of gebrek aan interesse. Als we vrolijk een gesprek voeren, kijken we met onze voeten en romp recht vooruit naar de persoon met wie we praten. Als we niet zeker zijn van de ander, of niet volledig bij het gesprek betrokken zijn, hebben we de neiging onze voeten en romp naar één kant te kantelen. Ga tijdens een gesprek recht naar voren staan om de indruk te wekken dat u echt geïnteresseerd bent in wat de ander zegt.

- Je armen over elkaar slaan. Een teken van defensief verzet. Sommige mensen interpreteren het misschien ook als een teken van egoïsme. Probeer altijd uw armen open en langs uw lichaam te houden.
- Visualisatie van een langzame houding. Wanneer u zich in een drukke omgeving bevindt, wordt uw houding een onmiddellijk teken van uw zelfvertrouwen en kalmte. Je houding is letterlijk een steuntje in de rug en brengt een duidelijke boodschap over hoe het moet worden behandeld. Het kan een groot verschil maken in de manier waarop vreemden op je reageren. Plaats uw voeten op een comfortabele afstand. Houd je schouders naar achteren. Hef uw hoofd op en begroet mensen met direct oogcontact en een stevige handdruk.
- Krabben aan de achterkant van het hoofd en de nek. Een typisch teken van twijfel en

onzekerheid. Het kan ook worden geïnterpreteerd als een indicatie van leugens. Probeer uw handen weg te houden van uw hoofd wanneer u met anderen communiceert.

- Spelen met de kraag van je overhemd. "Ik voel me vreselijk ongemakkelijk en/of zenuwachtig!" Nogmaals, houd enige controle over uw handen. Geen zorgen.
- Verhoog uw knipperfrequentie. Een duidelijk teken van angst. Sommige mensen beginnen heel snel te knipperen (in combinatie met een verhoogde hartslag) als ze zenuwachtig worden. Omdat de meeste mensen oogcontact proberen te maken, worden ze onmiddellijk duidelijk voor anderen. Wees je bewust van je knippergedrag als je nerveus bent, vooral als iemand je heel goed in de gaten houdt.
- Haal je schouders op. Geeft een laag zelfbeeld aan. Mensen associëren opgetrokken schouders met een sterk zelfvertrouwen. Trek uw schouders altijd naar achteren. U ziet

er niet alleen veiliger uit, maar u voelt zich ook veiliger.

- Ga met je handen gekruist over je geslachtsdelen staan. Deze informele houding garandeert bijna dat je een beetje respect zult verliezen, zelfs voordat je de kans hebt gehad om ook maar één woord te zeggen. Mensen die zich nerveus of onzeker voelen over zichzelf, zullen onbewust een voorzichtige houding aannemen. Heel vaak nemen ze een houding aan die een van hun meest kwetsbare gebieden beschermt: hun geslachtsdelen. Deze houding duwt je schouders naar voren en zorgt ervoor dat je hele lichaam er kleiner en zwakker uitziet. Probeer opnieuw uw handen langs uw lichaam en uw schouders naar achteren te houden.

- Haar hoofd opheffend met haar handen: "Ik verveel me!" Ondersteun tijdens een gesprek nooit uw hoofd met uw ellebogen en handen. Plaats uw handen voor u op de tafel en laat ze rusten.

- Maak bezwete handen schoon aan je kleding. Een teken van paniekerige nervositeit. Als je handen zweten, laat ze dan gewoon zweten. Haal een paar keer diep adem en probeer te ontspannen.
- Zittend op de rand van zijn stoel. Een duidelijke indicatie dat u zich lichamelijk en geestelijk ongemakkelijk voelt. Het is een angstige houding waar anderen zich ook ongemakkelijk bij zullen voelen. Houd uw achterste uiteinde stevig op het zitoppervlak. Wanneer u naar voren leunt, gebruikt u uw rug zonder uw achterste te bewegen.
- Gebonk van voeten en tenen. Het duidt meestal op stress, ongeduld of verveling. Beheers uw gewoonten en oefen met het in rust houden van uw ledematen.
- Gebruik je handen om met kleine voorwerpen te bewegen. Een pen, een bal papier, enz. Dit is een ander teken van angst. Het kan ook worden geïnterpreteerd als een gebrek aan voorbereiding. Het is altijd beter om uw

handen comfortabel te laten rusten als u in het bijzijn van anderen bent.
- Herhaalde verandering in lichaamsgewicht van de ene voet naar de andere. Dit is een ander gebaar dat over het algemeen duidt op fysiek en mentaal ongemak. Mensen kunnen dit ook zien en ervan uitgaan dat je klaar bent om het gesprek te verlaten, vooral als je niet direct oplet. Beweeg uw voeten niet vaker dan één keer per 2 tot 3 minuten.

Conclusie

Non-verbale signalen zoals gezichtsuitdrukkingen, gebaren en houding kunnen betekenis overbrengen en emoties uitdrukken in de taal van het lichaam. Het is een essentieel onderdeel van communicatie omdat het mensen in staat stelt zich uit te drukken op manieren die met woorden alleen niet mogelijk zijn. Het begrijpen van de taaltaal van het lichaam kan iemand helpen effectiever te communiceren en de boodschappen van anderen te ontcijferen.

Lichaamstaal is een ingewikkelde en effectieve communicatietechniek. Het kan worden gebruikt om gevoelens, ideeën en doelen uit te drukken. Het kan ook worden gebruikt om positie en autoriteit uit te drukken, maar ook om het eens of oneens te zijn. Lichaamstaal kan ook worden gebruikt om anderen te manipuleren en te beïnvloeden.

Een van de meest effectieve en alomtegenwoordige vormen van non-verbale communicatie is gezichtsuitdrukking. Ze kunnen een breed scala aan emoties uiten, zoals geluk, woede, angst, verrassing en minachting. Omdat ze veel emotie en intentie kunnen uiten, wordt vaak aangenomen dat de ogen de vensters naar de ziel zijn.

Gebaren zoals wijzen, knikken en hoofdschudden kunnen een boodschap overbrengen en emoties uiten. Ze kunnen worden gebruikt om de aandacht te vestigen, het eens of oneens te zijn, of om de mate van zekerheid of dubbelzinnigheid van een spreker tot uitdrukking te brengen.

Houding kan ook betekenis overbrengen en gevoelens uitdrukken, zoals rechtop zitten of slungelig. Iemand die rechtop zit, kan zelfverzekerd en assertief overkomen, terwijl iemand die slungelig zit, misschien ongemakkelijk of ongeïnteresseerd overkomt.

De taal van het lichaam kan ook worden gebruikt om culturele en sociale signalen over te brengen. Direct oogcontact wordt bijvoorbeeld in sommige culturen als een teken van respect en aandacht beschouwd, maar in andere als onaangenaam en confronterend.

Op dezelfde manier kunnen gebaren en houdingen in verschillende culturen verschillende betekenissen hebben.

Het is essentieel om te benadrukken dat het taalkundige discours van het lichaam niet altijd bewust of doelgericht is. Mensen zijn zich mogelijk niet bewust van de boodschappen die zij via hun lichaamstaal overbrengen en kunnen de lichaamstaal van anderen verkeerd interpreteren. Als gevolg hiervan is het, om signalen effectief te kunnen communiceren en begrijpen, van cruciaal belang om zich bewust te zijn van de eigen lichaamstaal en aandacht te besteden aan de lichaamstaal van anderen.

Samenvattend kan gezegd worden dat de taal van het lichaam een krachtig en ingewikkeld communicatie-instrument is. Het stelt mensen in staat zichzelf te communiceren op manieren waarop woorden alleen niet in staat zijn, en het kan worden gebruikt om betekenis en emoties over te brengen, om positie en macht aan te geven, of om overeenstemming of onenigheid aan te geven. Het begrijpen van de taaltaal van het lichaam kan iemand helpen effectiever te communiceren en de boodschappen van anderen te ontcijferen. Om signalen effectief over te brengen en te begrijpen, is het noodzakelijk om je bewust te zijn van de eigen lichaamstaal en aandacht te besteden aan de lichaamstaal van anderen. Het is ook de moeite waard om op te merken dat de verbale taal van het lichaam per beschaving verschilt, waarbij sommige gebaren en houdingen in verschillende culturen verschillende connotaties hebben.

Milton Keynes UK
Ingram Content Group UK Ltd.
UKHW020238221123
432980UK00016B/1168